誰でも簡単に
20倍速くなる
鬼速読

KKロングセラーズ

まえがき

本書は、大変ご好評をいただいた『20倍の速読み法』（株式会社日新報道刊）の改訂版である。先般、ＫＫロングセラーズの真船社長様から改訂のお話があり、喜んでご承知した次第だ。同社からは、かつて『話す力をつける本』を出版させていただくなどのご縁があり、今回もとんとん拍子で話が進んだ。

私はいわゆる本の虫ではない。むしろ、大変な遊び好きだ。麻雀、パチンコにもはまったし、ピアノ、クラシックギターもやるし、囲碁、将棋、そしてカラオケも大好きだった。最盛期には、趣味の数が三十を超えたほどだった。また、けっこう体育会系で柔道は三段、社会人になっても、大学の寒稽古にも参加し、会社帰りに講道館で乱取りしたことも多々あった。したがって、読書はたかだか楽しみの一つ、ワン・ノブ・ゼムでしかなかった。もちろん、読書にあてる時間は、普通の生活者の平均以上であるはずがないにもかかわらず、私はサラリーマン時代、毎年、二百冊前後の本を読んできた。ビジネスマンの読書量としては、かなり多い方だと思う。この中には、難解とされる哲学書も随分入っている。プラトン、アリストテレス、デカルト、スピノザ、カント、ヘーゲル、ロック、ヒューム、フッサール、サルトルなどだ。仕事には無関係のレヴィ＝ストロース、ミシェル・フーコーら、構造主義文献も夢中になって読んだ記憶がある。

むろん、こんな読書量をこなせたのには、わけがある。「必要は発明の母」ではないが、私はある時期から速読の絶対必要性を痛感するようになり、必死に研究、試行、トライ・アンド・エラーを重ねながら、速読のスキルと体系を作り上げていった。本書はこの速読の技術を、どなたにでも必ずご修得いただけるよう、ステップ・バイ・ステップで解説したものだ。

物書きになってからも、こうした速読の技術は、大変役に立った。たとえば、一世を風靡したポストモダン思想の時代、デリダ、ジル・ドゥルーズ、フェリックス・ガタリの翻訳書も、浅田彰『構造と力』も、すぐ読み、評論活動でも大いに参考にさせてもらったものだ。そうした自身の実体験の中から紡ぎ出した速読法は、社会人、学生さん、主婦の方々にも、きっとお役に立つものと確信している。

さりながら、ひとことあげれば、かなりの時をへた今、刊行当時は旬だったニュース、新聞・雑誌記事なども、歳月の変遷に合わせ、差し替えるべきものも当然ながら出てきた。逆に、今旬の、飛び切り新鮮なホットニュースも出ている。そんなわけで、必要な範囲で掲載記事を差し替えさせていただいた。一方、中にはあえてそのまま、生かし、残したものもあるが、ご了承をいただきたいと思う。

ＩＴ、スマホの時代で、社会人も、学生、小中高の子供たちもテレワークが無縁でない世の中になっているが、それでも、速く本を読む、情報をキャッチする、消化し、活用する必要性は、いささかも、減じない。本書が、そんなあなたの速読力を猛速させることにいささかなりともお役に立つことを、心から祈ってやまない。

残念ながら昨今の日本も世界も、コロナウイルスとの闘いの中、少なからず、行動の自由を制約されている。しかし、こんな時節だからこそ、書籍を、雑誌を、新聞を静かに、優雅に、速読し、人間性、知性を高めることもできる。たとえば、アルベール・カミュの時代を超越した不朽の名作、現代の黙示録『ペスト』を、あっという間に読むこともできるのである。

令和三年九月

中川昌彦

目次

第二部　中川流速読の技術〈上級篇〉

第三部　中川流速読の技術〈応用篇〉

第Ⅶ章　仕事読みの方法……214

序章

最強の速読理論を教えよう

速読の必要性

各方面の世界記録を集めた『ギネスブック』によると、新聞の厚さの世界記録は、「ニューヨーク・タイムズ」の一九六五年十月十七日号である。同号は十五分冊に分かれ、全部で九百四十六ページ。一部の重さは、三・四キロに達したという。

こんな化け物みたいな新聞をニューヨーク市民がどう読んだか、大変興味のもたれるところだ。それはさておき、世界記録というものは本質的に異常値なのだから、これだけをもってとやかくいうことはない。ただ、アメリカに限らず、新聞のページ数は日本でも朝刊が二十ページから四十ページ近くまである。今やおなじみになったこのボリューム、ここにこそ注目する必要があろう。

実際、大変なボリュームなのである。例えば二十四面の新聞を、ゆっくり読んでいくと、計算では二十二時間かかることになる。日本人は朝、歯ミガキの次に新聞を愛する民族だが、それでも、毎日深夜までかかって朝刊を読み続けようとは思うまい。新聞の重要性はちっとも変わらないが、新聞を速読しなければならない時代になったのだ。

新聞だけのことではない。ごく控え目にいって、〝速読〟は知的最先端の技術の一つである。もう少しオーバーにいえば、それは知的最先端技術の筆頭である。速読がダイヤモンドのごとく求められる事情が、痛切に存在する。

第一に、シェークスピアの時代よりは今から百年前が、その百年前よりは今が、というふうに社会の知的財産のストックは増える一方だ。それにつれて、いわゆる〝読むべき古典〟の数も増加する。ストックの増加率に見合って、現代人はより速く読まざるをえなくなる。このことは、経済、経営、技術、文学その他、すべての分野にあてはまる。

第二に、分厚いストックの上に、次々と大量のフローがつけ加わる。たとえば、一昨年一年間だけで七万二千点近くの新刊本が出版された。最新の知識、情報、話題、理論、技術を得るには、新刊を読まなければならない。できるだけ厳選したとしても、一年間に読むべき新刊書はかなりの数にのぼろう。ここでも、速読の技術が欠かせない。

第三に、高度情報化社会の当然の結果として、デジタルからアナログまで、あらゆる種類の文字媒体が勢揃いしている。

職場の中も、多種多様の媒体が流れる。パソコンでアウトプットした報告書や統計類、印刷文書、カタログ、社外からのメールや手紙。さらに、業界紙、経済雑誌、社内報、テレックスなど。

これらの総和は尨大な量になる。それらを読み合わすには、速読の技術がなければかなわない。

第四に、より大きな背景として、個人生活の高度化、価値観の多様化があげられる。かつては、読書ぐらいしか余暇を過ごす趣味がなかった。今は、何から何まで遊ぶことがゴマンとある。

つまり、読書は「オール・オブ・ゼム」から「ワン・ノブ・ゼム」へと変わってしまった。当然、読書にかける時間はたかが知れている。にもかかわらず、すでにみてきたように、読むべきものは増える一方なのだ。速読する以外に、手がないではないか。

音読と黙読

声を出して読むのが〝音読〟、出さずに読むのが〝黙読〟。子供は音読から入る。小学校低学年には、声を出さないと本の読めぬ子がいくらでもいる。また同じ時期、国語の授業でも生徒に一斉音読させることが多い。

ところで、速読の観点からすれば、音読は非能率な方法といわざるをえない。というのも、音読のスピードはしゃべる速さによって決まってくる。そして、しゃべる速さは、人の発声器官の物理的能力に制約されるからだ。

しゃべる速さの最小値と最大値を比較してみよう。まず、例外的に遅いほうの例からあげる。北海道大学の寮歌『都ぞ弥生』は、日本三大寮歌の一つとして広く知られている。歌詞の一番だけを紹介すると、次のとおりである。

都ぞ弥生の雲紫に　花の香漂う宴遊《うたげ》の莚《むしろ》
尽きせぬ奢《おごり》に濃き紅《くれない》の　その春暮れては移ろう色の
夢こそ一時《ひととき》青き繁みに　燃えなん我胸想《おもい》を載せて
星影冴《さや》かに光れる北を　人の世の清き国ぞとあこがれぬ

この寮歌を、学生諸君が正調で歌う（というよりどなる）のを聞いたことがある。なんと、一語五秒ぐらいの超スローテンポで、それは歌われる。「み――――――――、や――――――――こ――――――――、ぞ――――――――……」といったあんばいだ。歌詞は百二十二語から成る。一番を歌い終えるだけで、十分と十秒かかる計算になる。

表1　音読の速さ

	〈遅い〉	〈普通〉	〈速い〉
① 400字を話すのに必要な所要時間	90秒	60秒強	30秒
② 秒速	4.4字/秒	6.6字/秒	13.3字/秒
③ 秒速比	2 :	3 :	6

この遅さは、信じ難い。音楽には各種の速度記号があって、その中で遅いテンポの代表格は〝ラルゴ〟と呼ばれる。ラルゴは、一分間に四十五前後、音を打つ速さ。ドヴォルザーク『新世界より』の第二楽章のメロディは『家路』という名で親しまれているが、あのゆるやかなテンポがラルゴである。ところが、正調『都ぞ弥生』は、そのラルゴのさらに四倍の遅さで歌われる。

一語五秒。そのとき私と一緒にいた人は、あまり遅くて歌詞がわからないとボヤいた。とすると、言葉は遅ければ遅いほど聞きとりやすい、ということではないらしい。ちなみに、もし一語五秒のスピードで話すなら、原稿用紙一枚分、つまり四百字を話すのに二千秒、なんと三十三分もかかってしまう。これでは、ほとんど日常の役には立たない。例外的なケースと考えてよかろう。

私の観察によれば、一分半に四百字というのが、日常会話で許される最低のスピードである。一字一句切るようにしゃべって、ちょうどその速さになる。速いほうはどうか？　女優の黒柳徹子、アナウンサーの久米宏は早口の最右翼だが、それでも三十秒に四百字がいいところ。標準の速さは両者の中間、一分に四百字弱あたりに落ち着く。

簡単にいえば、表1のとおり〈遅い〉対〈普通〉対〈速い〉は、二対三対六の整数比で表わされる。同じく秒速についてみれば、四・四字対六・七字対一三・三字の関係である。

図1　〈書く〉〈読む〉〈話す〉〈聞く〉の速さ比較

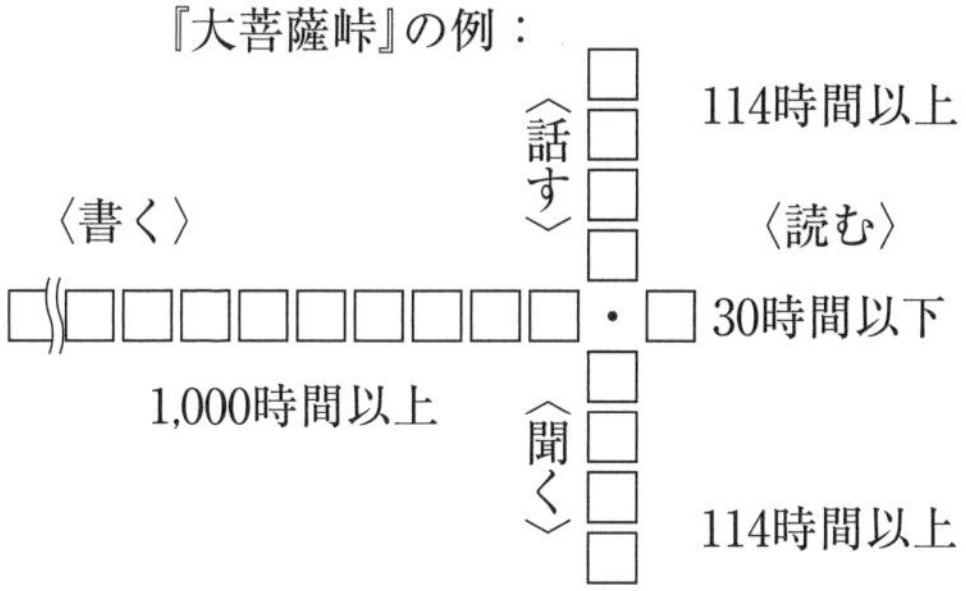

以上から、音読の性格が明らかになる。声を出してものを読む場合、その人のしゃべる速さ以上に速くは読めないことが第一点。第二に、しゃべる速さの水準は、一人一人生理的に決まっていること。口の重い人が黒柳徹子のようにしゃべろうとしても、ちょっと無理だ。

第三に、それにもかかわらず、しゃべる速さの個人差は、読む速さの個人差に比べはるかに小さいこと。前者がせいぜい三倍の差であるのに対し、後者はあとでみるとおり、百倍以上の差なのである。第四に、見方を変えれば、しゃべる速さは最高でも一秒一三・三字。読む速さは、速読の方法によって、この限界を軽く突破する。

ここで、参考までに〈書く〉〈読む〉〈話す〉〈聞く〉のそれぞれの速さについて、比較しておこう。（前頁の図1）

この中で、ものを書くのがいちばん遅いことは、容易にわかる。創作は特にしかりで、歴史上、気の遠くなるような例がいくつもある。たとえば、ゲーテの『ファウスト』は、構想から完結までに五十年の歳月が流れた。日本では、中里介山の『大菩薩峠』が、二十八年間にわたって書き続けられてきた。

『大菩薩峠』の正味の執筆時間はもちろん不明だが、仮に一日一時間書いたとしても、延べ一万時間に達する。ごく控え目に見積もっても、千時間以上はかかっていよう。次にこの作品を音読してみる。一秒一三・三字の早口でしゃべると、全文字数が五百五十万字だから、計算上の所要時間は百十四時間である。書くのに比べれば、ずいぶん速い。聞くのに要する時間も、同じく百十四時間。

読む速さはどうか、方法の説明はあとに譲るが、結論だけいえば、三十時間以内で読了可能なのである。話す速さよりおよそ四倍速い。筑摩書房版『大菩薩峠』は、全十二巻。

活字のビッシリ詰まった二段組みで、総ページ数四千四百ページになんなんとする巨篇だ。こんなボリュームをもった、二十八年がかりの大作が、わずか三十時間で読めるというのは、大変しあわせなことではあるまいか。特に、忙しいビジネスマンにとっては。

内言と二つのタブー

音読の速さには限界がある。さらに速く読もうとすれば、黙読をしなければならない。黙読こそ、速読の第一歩である。黙読では、視覚の役割が大きい。目が次々と活字を追い、視覚を通して大脳がその意味を理解する。

ここで、黙読のプロセスを考えてみよう。実はこのとき、人の内部では〈視覚—内言—理解〉のプロセスが生じている。容易に確かめられるように、声を出さずに文章を読む場合でも、声帯はかすかに振動し、自分の中で発声している。これが〝内言〟である。人間は、言葉によって考える。したがって、「思考とは内言すること」といっても、あながち誤りではない。

黙読の能力は、視覚能力、内言能力、理解能力の和である。このうち視覚能力は、どんな人でも十分すぎるほどもっている。目をあけさえすれば、あなたは視野の中にあるすべてのものを一瞬の間に一挙にみることができる。だから、黙読で速読するに当たって、それを支える視覚能力には何の心配もない。黙読の水準を決定するのは、内言能力と理解能力、その中でもとりわけ前者なのである。

内言にも速度がある。音読を黙読に切り替えれば、自動的に読むのが速くなるわけではない。ごく遅めに話す速さは、一秒四・四字だと前述した。今、私は一冊の本をこのスピードで、声を出さずに——内言で——読むことができる。だが、これでは、音読しているときとなんの変わりもない。

本が速く読めないという人は、実はこの内言に問題がある。内言速度と外言速度に差がないから、速く読めないのだ。速い黙読をするには、速い内言をしなければならない。幸いなことに、内言はいくらでも高速化できる。それを可能にするのが、本書で紹介する諸方法である。

ここで、速読に関する二つのタブーを述べておこう。このタブーを犯すと、その技術はなかなか身につかない。よくよく肝に銘じておきたい。

第一のタブーは、一字一句逃がさず、しかも一字ずつ読んでいくこと。これは、外言の後遺症だ。音声の構造上、しゃべるときには言葉は一語一語、逐語的に発声される。その習慣が、読むときにもつい再現する。この状態では、黙読は遅い黙読にとどまる。視覚の一挙全体性を、もっと有効に活かす必要があろう。

第二のタブーは、うしろに戻ること。二、三行読んではあと戻りする。途中で、また前のところがわからなくなったような気がして、もう一度読み返す。この〝思考のグルグル回り〟で、読む速さはガクンと落ちる。それだけではない。こうした傾向は厄介なクセとなって、膠着する。内言の活動を不活発にしてしまう。

これは、どうしても避けなければならない。少々わからない感じでも、どんどん先に進む気分が大切である。クセがなおらない人は、物差し状のものや指で、読み終えたところを隠しながら読み進むといい。

標準速度＝一時間一・八万字

読む速さを考える出発点として、標準速度を定める必要がある。本書では、《一秒五字、つまり一時間に一万八千字読む速さ》を標準にとる。一秒五字という速さは、話す場合の一秒四・四字のレベル――ごく遅いスピード――にほぼ見合っている。それは、誰でもがラクに無理なく読める速さ、これ以上遅くなることはめったにない速さ、だ。このレベルを標準にし、速く読むことの効果は、それに対して何倍速くなるかで表わすことにする。

ところで、一時間一万八千字のベースは、次のように考えることもできる。各種の読書アンケートによれば、ビジネスマンの一日平均読書時間は、およそ一時間である。ただし、そこには新聞、雑誌、週刊誌のたぐいは含まず、図書に限っている。さて、一日一時間読むということは、標準速度ベースで一日一万八千字読むこととイコールになる。これで、〝日〟を単位にした標準速度が得られた。

今後、標準速度については、時間単位（一時間一万八千字）と日単位（一日一万八千字）の両方を、場合に応じて使い分けていきたい。

次に、この標準速度でいろいろな活字媒体を読むと、所要時間はどれぐらいになるだろうか。素人考えでは、一つ一つの読みものごとに所要時間が異なり、何一つ法則的なことはつかめないように思われる。ところが、実は意外にも、その中から大変スッキリした法則を発見することができるのである。この法則を知っておくと、どんなものを読むときにも重宝する。さっそく述べておこう。

《一つの活字媒体の文字数は、二十万字が基準になっている》

一つとは、新聞なら一部、雑誌や本なら一冊を指す。二十万字が基準ということは、第一に、一部（冊）二十万字の読みものが圧倒的に多いことを意味している。第二に、もっと分厚いものも、二十万字の整数倍のケースが比較的多いことだ。いくつか例をあげてみる。

新聞――。全国紙の場合、朝刊二十四面、夕刊十二面というのが基本のページ建てだ。全十五段組みのうち、下三段は広告欄だからこれを除外すると、紙面に盛られる文字数は、朝刊四十万字、夕刊二十万字になる。朝刊は、二十万字が二単位と考えられるわけだ。

週刊誌――。『週刊文春』『週刊新潮』など薄手のものは、普通号で百八十ページ前後。本文百二十ページ弱の活字量が約十八万字、グラビアの文字を含めると二十万字近い。一方、『週刊現代』『週刊ポスト』あたりになると、二百ページを越える。本文だけで、二十万字のボリュームになる。

経済週刊誌をとっても、事情は変わらない。『週刊ダイヤモンド』『週刊エコノミスト』『週刊東洋経済』、いずれも二十万字前後だ。この中では、東洋経済がページ数の多い分だけやや字数も多い。
雑誌——。代表例として『文芸春秋』をとりあげよう。号によってページ数が変動するが、四百八十ページあたりが標準のボリュームといえる。内訳は、本文三百二十ページ、グラビア・全頁広告百六十ページ。〝本文〟対〝その他〟が二対一の割合である。このとき、本文にグラビア中の文字も含め計算すると、合計六十万字弱になる。二十万字の三倍だ。
文庫本——。文庫本のページ数は、一冊百二、三十ページのものから六百ページを越えるものまで、多岐にわたる。しかし、普通、私たちがもっとも文庫本らしく感じる厚さは、二百五十～三百ページの範囲のものではなかろうか。また、それぐらいのものがとっつきやすいようでもある。
このことは、事実によってもたしかめられる。私は、手持ちの文庫本の中からランダムに百冊選び出し、その平均ページ数を計算してみた。岩波、新潮、角川、文春、講談社、中公、河出と、各社の文庫本はひととおり揃っている。結果は、一冊平均二百八十二ページだった。二百六十ページで二十万字、これが文庫本の目安だから、二百八十ページだと二十一万八千字になる。ピッタリとはいかないが、文庫本に関しても、一冊二十万字程度のものが多いといってよかろう。

単行本――。単行本の体裁は各書マチマチだが、一ページ当たりの文字数をみると、八百字前後のものが断然多い。この場合、二百五十ページの本が、ちょうど字数二十万字である。また、小説では会話場面が多いから、行替えがひんぱんで、一ページに活字をギッシリ詰めない。三百ページの本が、二十万字というところだろう。このように考えてくると、一冊二十万字の単行本は思った以上に多いのである。

表2　媒体別標準速度

活字媒体		標準速度・5字／秒	
種　類	文字数	時間単位	日単位
	字	(1時間18,000字)	(1日18,000字)
新聞・朝刊	400,000	22時間	22日
同・夕刊	200,000	11	11
週刊誌	200,000	11	11
総合雑誌	600,000	33	33
文庫本	200,000	11	11
単行本	200,000	11	11

〝二十万字基準〟と〝標準速度〟を組み合わせると、媒体別の標準速度が出る（表2）。新聞の夕刊、週刊誌、文庫本、単行本、それぞれの見かけはまったく違う。ところが、活字量からすれば、お互いに大変拮抗している。もし夕刊をスミからスミまで読むなら、文庫本一冊を読むぐらいの時間がかかるはずだ。標準速度であれば、十一時間を要する。もっとも、現実にはそんなにかからない。読まない記事

もあるし、見出しですませたりするからだ（第Ⅲ章「見出し読みの方法」参照）。

なお、二十万字基準には重要な例外がある。〝新書本〟だ。新書のボリュームは、大体十万字～十五万字の範囲内に押さえられている。特に、十三万字前後のものが多い。これは、二十万字の読みものよりもう一つ手軽さ、読みやすさを狙ったものと思われる。

七つのダイヤモンド・ステップ

速読というと何か特殊な個人的才能のように思われるが、これは大変な誤解である。本書で紹介する速読の方法は、平易かつ合理的で、何一つ神秘的なところはない。誰でも簡単にマスターできるものだ。

ただし、ものには順序がある。私の方法にも、〈基礎〉→〈上級〉→〈応用〉という大きな流れがある。それは、具体的には次の七ステップからなる。この七ステップにそって進めることが、もっとも効率的な習得法といえる。

①焦点読みの方法

②かたまり読みの方法

③見出し読みの方法

④文脈読みの方法
⑤拾い読みの方法
⑥一行読みの方法
⑦仕事読みの方法

それぞれについての詳しい説明は、各論に譲る。ここでは、各ステップの速読のレベル、相互間の位置づけを図示しておこう（次頁の図2）。

名づけて「速読のダイヤモンド・ステップ」である。①焦点読み→②かたまり読み→③見出し読み→④文脈読み→⑤拾い読み→⑥一行読み→⑦仕事読み。①から始めて、この順序で⑦までマスターすれば、速読としては完璧だ。もう何が出てきても、恐れるには足りない。読むことにかけては、絶対の自信をもっていい。

七つのステップのうち、①②③は速読の基礎技術になる。④⑤⑥は、それに対してより上級の技術だ。上級技術では読む速さが格段に増し、標準に比べ百倍以上に達する。ステップの最後は、⑦の仕事読み。これは応用技術であり、①～⑥をすべてつぎこんで速読を仕事に役立てようというものだ。

図2　ダイヤモンド・ステップ

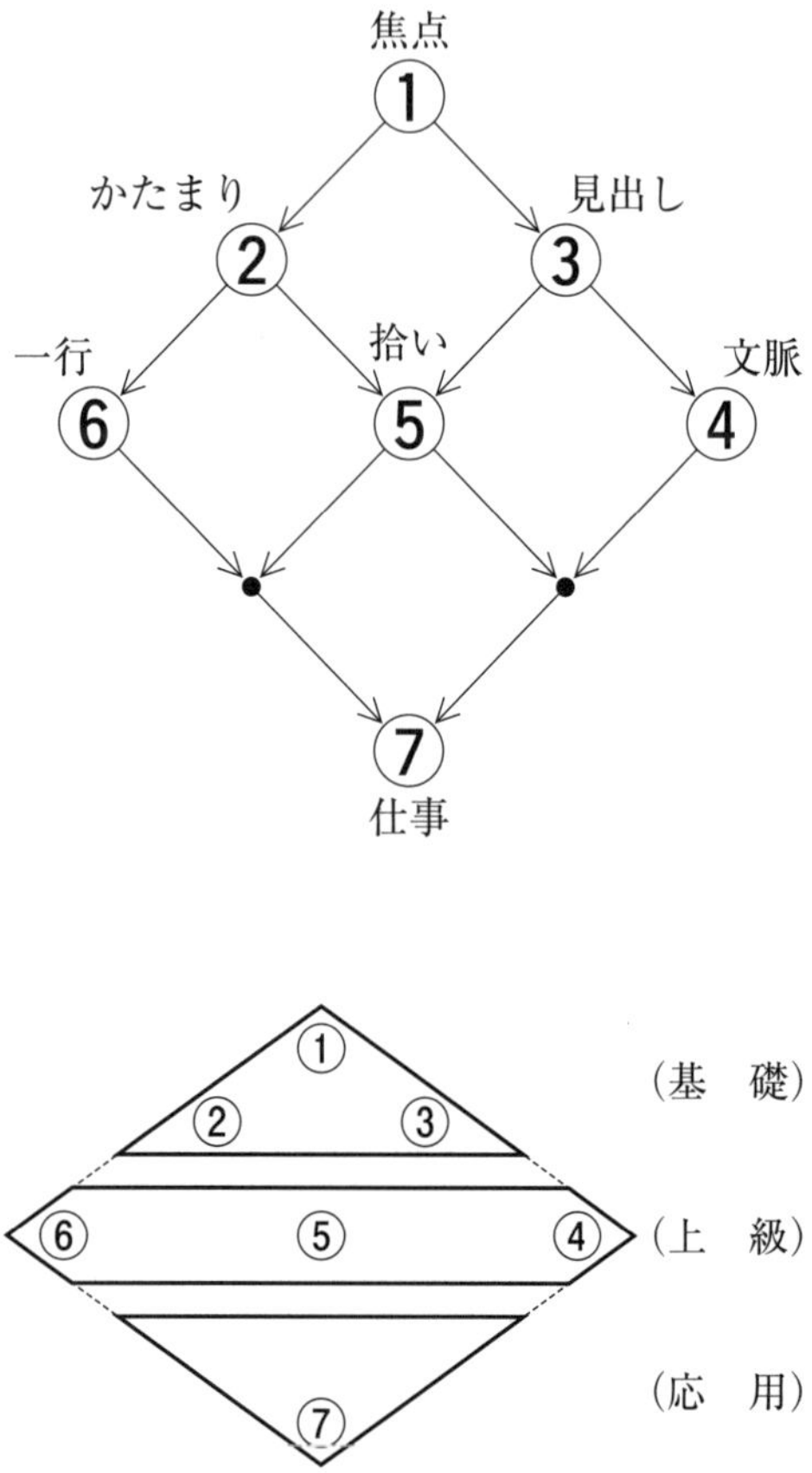

以上はステップからみた速読だが、これを速読のシステムとして表現すると、左頁の図3のフロー・チャートになる。システマティックに速読をマスターしようとするなら、このチャートを活用するのがよい。

速読の完成までには、三つの関門がある。〝速さそのもの〟〝内容の理解度〟〝仕事への

図3　速読のフロー・チャート

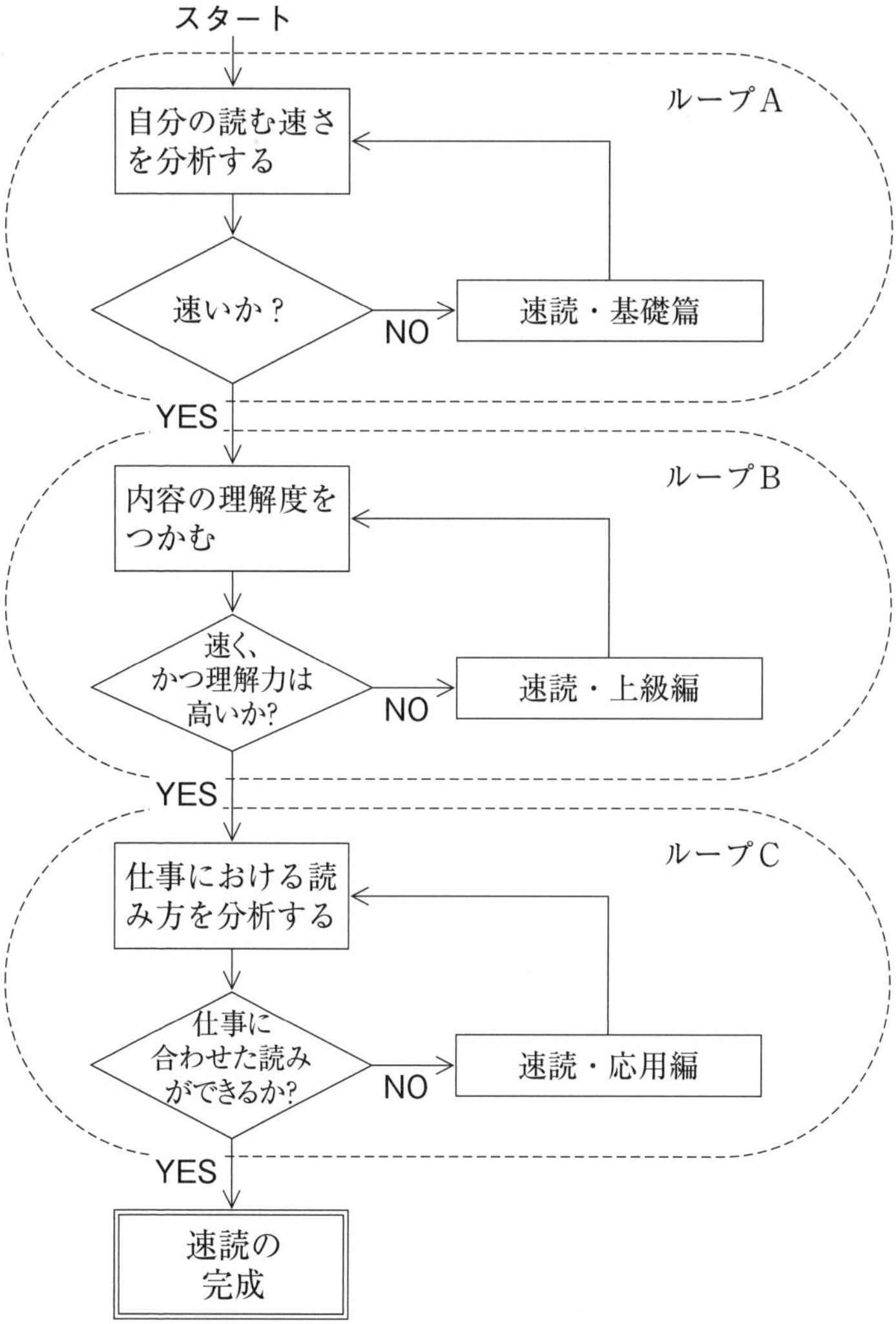

応用〟の三つだ。そのそれぞれについて、自分の力が十分かどうかを評価しなければならない。十分なら、次の段階へ進む。不十分なら、元に戻って弱いところを勉強し直す。

たとえば、ループAをみよう。標準的な速さ一時間一万八千字、またはそれ以下でしか読めない人は、「速いか?」の答はノーになる。そういう人は、答がイエスになるまで基礎技術の習得に努める必要がある。ループB、ループCについても、まったく同様だ。このフィードバック回路をおりこんだフロー・チャートによって、誰にとっても無理のない着実なパワー・アップが可能になるのである。

一生には大変な差がでる

古今東西、書かれた本はおびただしい数にのぼるが、その中で字数に換算して多いものから世界十傑を選ぶと、どうなるか。

私の調査によれば、結果は表3のとおりである。この場合、日本の本と、外国の本で日本語に訳されているものとを対象としている。すなわち、日本語をベースとした字数比較である。もちろん、日本の本のほうが数の上では圧倒的に優勢だから、それが結果に反映する。日本のものが十分の六を占める。しかし、外国の本でも重要なものは、ほとんど訳

表3　世界超大作ベストテン

（昭和55.10現在）

順位	作品名	著者	字数概算
①	徳川家康	山岡荘八	7,000,000字
②	善意の人々	ジュール・ロマン	（推定）6,000,000
③	大菩薩峠	中里介山	5,500,000
④	新平家物語	吉川英治	4,500,000
⑤	アラビアンナイト	——	4,000,000
⑥	失われた時を求めて	アルセル・ブルースト	3,500,000
⑦	青年の環	野間宏	3,300,000
⑦	西郷隆盛	海音寺潮五郎	3,300,000
⑦	戦争と人間	五味川純平	3,300,000
⑩	紅楼夢	曹霑	2,800,000

されている。それらは調査対象に含まれる。したがって、いやしくも日本語で読める本に関する限り、概算とはいえ、このランキングは十分信頼できよう。

おもしろい話がある。『大菩薩峠』を書いた中里介山は、それが世界一長い小説だと信じていた。たしかに、『大菩薩峠』は、それまで屈指の長篇としてあまねく知れわたっていたトルストイの『戦争と平和』や、ユゴーの『レ・ミゼラブル』を、長さにおいてはるかにしのいでいる。

だが、実は、『大菩薩峠』の執筆と時を前後して、フランスのジュール・ロマンが大作『善意の人々』を書き進めていた。こちらも、全二十七巻という大変なボリュームである。その字数六百万字。『大菩薩峠』のもう一つ上をいくものだった。

さらにその後、大作の決定版が出た。昭和四十年代にブームを呼んだ、山岡荘八の『徳川家康』である。字数にして七百万字。『戦争と平和』『坂の上の雲』のそのまた四倍はあろうかという、ケタはずれの量である。

ちょっと余談になる。ここまで長編小説についてふれてきたが、〝長編〟ということでいえば、世の中には実はもっとすごいものがある。日本のお家芸〝マンガ〟だ。

直近の話題では、さいとう・たかを『ゴルゴ13』（リイド社）第201巻が発刊。ギネスの長編マンガ記録を塗り替えた。ちなみに、それまでのギネス記録は、やはり日本の人気マンガだった秋本治『こちら葛飾区亀有公園前派出署』の200巻だった。

ほかにもメイド・イン・ジャパンの長編マンガ作品は、数多い。ご存じ『ドラえもん』、『クレヨンしんちゃん』、『ワン・ピース』、『ドカベン』、『北斗の拳』、『ベルサイユのばら』、『スラムダンク』、『熱笑！花沢高校』……。

ということだが、ここで一つ謎解きをしておく。なぜ、小説作家でも書けないような大長編マンガが、次々に生まれてくるのだろうか。

答えは簡単明瞭だ。まず何よりも、小説等では言葉、文章が表現媒体になるが、マンガの場合は、絵・図、そして「吹き出し」を含む〝コマ〟という技法がある。コマには絵や頭が入る。そして、「吹き出し」には、話し言葉が入る。

要は、マンガの場合、小説の「地」に当たる文章を最小限にし、「コマ」という絵・図、そして空間によって、すべてを語る。絵、そして図にはとんでもない情報力があるこうしたとんでもない〝圧縮技法〟によって、信じがたいほどの大長編ドラマ、物語も生み出すことができるのである。

閑話休題。

表４　標準速度による所要時間

作品名	所要時間
徳川家康	390日
善意の人々	333
大菩薩峠	306
新平家物語	290
アラビアンナイト	222
失われた時を求めて	194
青年の環	183
西郷隆盛	183
戦争と人間	183
紅楼夢	156

さて、文字を読む標準の速さは、一日一万八千字だった。この速さでこれらの大作を読むと、いったいどれだけの時間がかかるのだろうか。表４に所要時間を示したが、これでみると、『徳川家康』で三百九十日、十位の『紅楼夢』で百五十日ということになる。

本をじっくり読むのはとてもよいことだが、こうなってくるとちょっと問題である。いかに大作とはいえ、一つの本に五か月とか一年とかかけていては、はなはだ能率が悪い。その間、ほかの本が読めないし、あまり先が長いと辟易して途中でダウンしてしまいやすい。また、大作に手を出すと、一生の間にわずかの本しか読めない計算になる。

ところが、他方からいえば、大作には大作にしか望みえない幾多の価値がある。政治、経済、社会の複雑な局面の描写、個人・集団の多面的把握、歴史のうねりの表現、事物の徹底的な分析と総合。ビジネスマンにしろ誰にしろ、本を読むことから人生の深さ広さが

図4　40年間の読書量比較

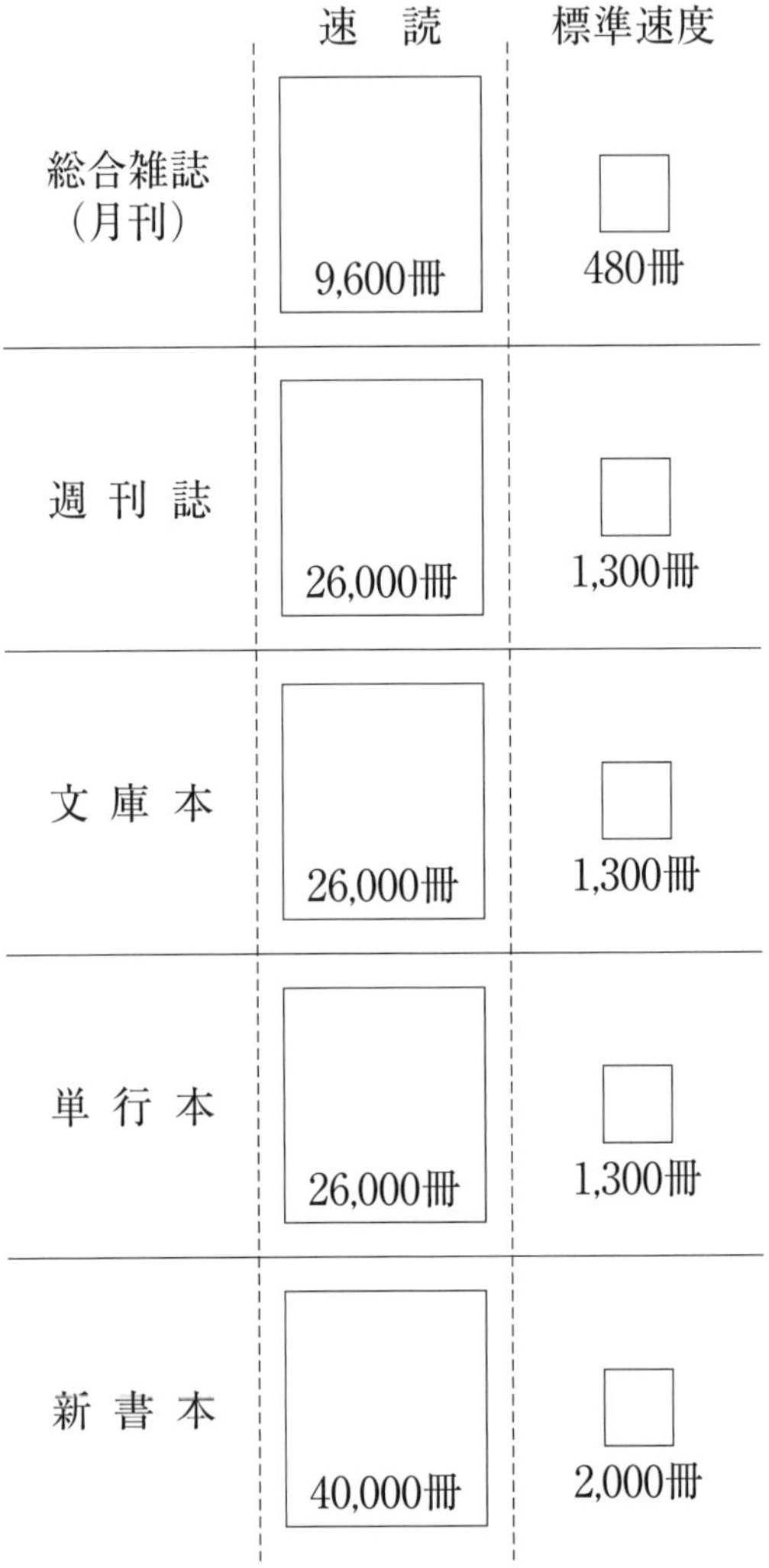

	速　読	標準速度
総合雑誌（月刊）	9,600冊	480冊
週　刊　誌	26,000冊	1,300冊
文　庫　本	26,000冊	1,300冊
単　行　本	26,000冊	1,300冊
新　書　本	40,000冊	2,000冊

つかめるなら、これ以上の収獲はない。そして、大作こそ深さ・広さの両方を十二分に兼ね備えたものなのである。やはり、大作にも積極的にぶつかっていかなければならない。

この大作のパラドックスを解消するのが、速読である。速読によって、どんな大作でもごく短期間で読めるようになる。たとえば、一年間に、普通のボリュームの本を百冊読み、合間に大作を五つこなすことも、それほど大変ではない。大作アレルギーは、吹っ飛んでしまうだろう。

こうした例からもわかるように、速読するとしないとで、一生の間にはものすごい差がついてしまうのだ。今、仮に社会人になってから、四十年間いろいろなものを読み続けるとしよう。速読にはいくつかの段階があるが、ここでは標準の速さの二十倍としておく。するとそれぞれの読みものについて、右頁の図4のような格差が生じる。同じ四十年を生き、同じ時間をかけて読みながら、こんな違いになる。速読の重要性を知ってもらうのに、これ以上何をつけ加えることがあるだろうか。

第一部

中川流速読の技術〈基礎篇〉

第Ⅰ章　焦点読みの方法

1．焦点読みとは？

速読の場合、文章を一字一句余さず読むのはタブー、とすでに述べた。一字一句読む速さは、言葉の意味を理解する速さにもよるが、基本的には視線を移していく速度、つまり運動神経で決まってしまう。

私の速読法では、運動神経でなく、知恵を使って速く読む。その基礎ともいえる技術が、本章の〝焦点読み〟、第Ⅱ章の〝かたまり読み〟、第Ⅲ章の〝見出し読み〟の三つだ。中でも焦点読みは、あらゆる速読のもとになる。その方法を説明しよう。

焦点読み

文章の焦点に視野の中心を据え、焦点でないところは視野の周辺にとどめておく。この要領で視線を移しながら読むのが、焦点読みである。

この方法のポイントは二つある。第一は、文章の焦点とは何かをつかむこと。第二は、視線の移し方をマスターすること。速読の第一歩である。これなしでは、どんな速読も不可能であることをご承知いただきたい。

2．文章の焦点――ヌード写真をみるように

ものごとを構成している諸要素をみていくと、ほとんどの場合に、より重要な要素と、そうでない要素とが認められる。前者が、ここでいう焦点にあたる。工場の品質管理で使われるパレート分析、マーケティングなどで使われるＡＢＣ分析は、実務上の問題に関しその焦点を明らかにする手法だ。

文章の場合も、一字一句が均等な重みをもっているわけではない。焦点になっている字句と、そうでないものとがある。その差に応じて、読み方も変わってこなければならない。

焦点読みの極意をひとことでいうなら、女性のヌード写真をみるときのセンスで文章を読む、ということだ。ヌード写真を男性にみせると、おのずと視線の集まる部位がある。そこが焦点にほかならない。

　こういうふうに文章を読むときにも一目で焦点がつかめるなら、速読の第一関門はすでに突破できている。ところが現実には、ズバリ焦点をつかむセンスがなかなか身につかない。やはりこちらは、ある程度トレーニングによらざるをえまい。

　さて、本論に入る。文章は、次の基準で焦点と周辺——焦点でないところをこう呼ぶことにする——とに分けられる。

(1)主語、述語、目的語（補語）は焦点、それ以外は周辺である。

(2)文節の形をとった主部、述部、目的部は、焦点とはいえない。その中から主語、述語、目的語がとり出されて、はじめて焦点になる。

(3)品詞についていえば、名詞、動詞は焦点であることが多い。これに対し、副詞、接続詞、助詞、助動詞は、周辺であることが多い。形容詞、形容動詞はその中間。

(4)仕事に必要な読みものでは、名詞の中でも特に固有名詞、数字が焦点になる。

(5)形容句、副詞句は、形容詞、副詞に準じる。
(6)句読点、カッコ、ハイフンなどの記号は、すべて周辺である。

(1)はすぐわかる。「ウイリアム・テルはリンゴを射た」という文章の場合、ウイリアム・テル（主語）、リンゴ（目的語）、射た（述語）のいずれも欠かせない。それぞれ焦点である。

(2)はややこしい表現だが、要するにこういうことだ。「会社に十億円の大損害を与えたこの異常事態は、いっこうに終息する気配がなかった」。ここで「会社に……事態」の部分はひとつらなりになって、主部を構成している。途中では切れない。同様に、「終息する気配がなかった」も、述語ではなく述部だ。しかし、主部についていえば、「会社に……事態」の全体が焦点ではない。厳密な主語である「異常事態」だけが、焦点になるわけだ。

(3)〜(6)は、意味の上でむずかしいところはない。結局、焦点読みでは、以上の(1)〜(6)をもとに文章の焦点と周辺を見分ける。そして、もっぱら焦点部分に視線を向け、周辺部分はとばす感じで読む。文章の中で、周辺部分の占める割合は意外に大きい。そこを軽く切り上げることで、速いスピードが得られるのである。

3. 視線の移し方

文章を読む際、眼は静止→凝視（＝読み取り）→移動→静止→凝視→移動……のサイクルをくり返す。ある言葉を読んでわかったら、次の言葉に向かって視線が移動する。それが凝視＝読み取りの働きだが、より正確にいえば、そこでは視知覚と理解がその順序で、しかしほとんど同時に行なわれている。今、〝理解〟についても、その速さを考えることはできる。だが、理解速度ということになると、これは思考力の問題だ。抽象論になるおそれがある。

したがって、本論はあくまで技術的な領域に話をしぼる。すなわち、凝視の方法および視線の移し方、である。ここで、文章の焦点、周辺という考え方が、大変役に立ってくる。まず、凝視のことだが、凝視の対象はいうまでもなく、文章の焦点だ。焦点だけを凝視する。これが、凝視の要領である。なお、凝視の視野（スパン）については、次章「かたまり読みの方法」でふれる。そちらをご参照いただきたい。

次に、視線は、焦点から焦点へと移していくようにする。焦点を凝視し、そこが理解できたら、次の焦点を凝視する。あたかも三段跳びのホップ、ステップ、ジャンプのように、その間の周辺部分はとび越えていくのである。三つほど例をあげよう。○印が焦点、すなわち凝視点を、×印が周辺を示す。

・いつの間にか、あたりはとっぷりと暮れていた。

×××××××○○○××××××○○○○○×

・翔太君は、もう十回も洋子さんにメールを送っている。しかし、プンプン怒っていた彼女は、彼からだなとわかっていたのに、決してメールを開かなかった。

○○○×××××××○○○○××○○×○○○○○××××××××××××××○○××○×××××○○○○○○××××××○○○×○○○○○○×

・〝Aライン〟の合理化投資額は、単位時間あたり四百円を要するが、それでも現行の時間あたり人件費五百円に比べれば、大きなメリットがある。

×○○○○××○○○○○○×××××××××○○○×○○○××××××××××
×××××××○○○×○○○○××××○○○○×○○×

○印のところだけを、凝視していくことができただろうか。三つの例文の合計文字数は、句読点を含め百五十八。一方、○印、つまり焦点だけの文字数は六十九である。焦点読みによって、二倍以上効率化したことがわかる。

ここで次の質問が予想される。×印の周辺部分を読みとばすと、文章の意味が通じなくならないか、と。まことにもっともな指摘だが、心配することはない。焦点読みでは、すべての字句に一応は視線を向けている。周辺部分も読み流しの気分でみてはいるのだが、そこで静止したり凝視したりはしない、ということなのである。したがって、周辺部分は意識の中心にはこない。しかし、周辺意識あるいは潜在意識には、しっかり引っかかっているると考えていい。

今の例で、「翔太君は」の「は」は、特に凝視しなくても、ちゃんと頭に入っている。また、句点「。」、読点「、」をことさらみつめなくても、別に困ることはない。それらのありかは意識の片隅に入っていて、文章、段落の切れ目は容易につかめるからだ。

こうしたバックグラウンドがあるからこそ、焦点読みが可能になる。焦点読みに不都合なところはない。逆にいえば、遅読みする人は、不必要な部分まで凝視しすぎ、余計な労力を費やしているといえよう。

４．第一の焦点――主語のつかみ方

主語のない文章は、顔と頭のない人間のようなもの。主語こそ、文章の第一の焦点である。速読みでも、まず主語をにらみつける必要がある。文章の中から主語を最短距離でみつけるにはどうすればよいか、いくつかコツを述べよう。

その一――主語は文章の冒頭か、はじめのほうにある。

「私は　本を　読む」といった三語文は、文章の中でももっとも基本的な形式の一つだ。それは、Ａ＋Ｂ＋Ｃという式で表わせる。今、宇宙人がひそかに、地球語を理解しようと研究を始めた。こう仮定してみよう。そのために彼らは、和文、英文、仏文、露文、伊文、その他多くの国の文例を集める。

するとおそらく彼らは、各国の三語文、Ａ＋Ｂ＋Ｃの文章に目をつける。そして、そこから容易に、次のような地球語の重大な秘密を探り当てるだろう。

「カンタンナ、サンゴブンニオイテサエ、アラユルチキュウゴニキョウツウスルホウソクヲハッケンデキズ。タダシ、ユイイツノレイガイガアル。A、B、CノウチAハ、ホトンドマチガイナク、チキュウジンガ『シュゴ』トヨブモノデアル」

SFを例に私がいいたかったのは、どこの国の三語文でも主語ははじめに——Aの位置に——くる、ということだ。宇宙人でなく、速読をする人もまた、このことを知っておいたほうがいい。そして、この原則がある以上、文章がどんなに長くなろうと、主語は前のほうに出てくることになる。

もちろん、例外はある。倒置文だ。「本を　私は　読む」といういい方も使われる。AとBがひっくり返って、B＋A＋Cという形式になっている。だが、現実には倒置文のケースは少ない。母数として十分な二百の文例にあたった結果では、正置文が八六%、倒置文はわずかに一四%にすぎない。したがって、あまり出てこない倒置文のことに頭を悩ますのはバカげている。主語をつかむために、まず文章のはじまりに目を向ける習慣をつけたい。

その二——主語は名詞か、あるいは動詞の体言形である。

あたりまえのことながら、大変重要な点だ。なぜ重要か、次のようにいいかえてみるとよくわかる。「文章のはじめのほうにあって、しかも名詞、体言形であるものは、主語の可能性がきわめて高い」

・かつてのさびしい静かな寒村は、昨年来、製鉄工場の進出によって、すっかりその表情を変えてしまった。

この文章を、はじめから一字一句読んでいっても、もちろん主語（「寒村」）はみつかるが、それでは遅い。「かつてのさびしい静かな」の部分には視線をすべらすだけにして、決して凝視しないこと。最初に出てくる名詞（「寒村」）のところで、はじめて凝視する。これが、素早く主語を発見する要領だ。

さらにチエを使おう。名詞をみつけようと考えるより、もっと具体的に漢字、カタカナを探そうと心がけたほうがいい。主語になる名詞は、ヒラガナよりも漢字、カタカナで表現されることのほうが圧倒的に多いからだ。

別の観点からいえば、名詞の中でも特に固有名詞は要マークである。

・鈴木一郎氏は、毎朝七時に家を出る。

毎朝、七時、家、出る、はいずれもありふれた言葉である。この文章において、「鈴木一郎」という固有名詞は、格段に目に入りやすい。文章のはじめのほうにある固有名詞は、主語と見当をつけて、そんなに間違いはない。

次に、体言のこと。

・現地調査から得たものは、まことに大きかった。
・思い切って生産能力を拡大したことが、需要期に他社を引き離す結果を生んだ。
・海で泳ぐのは、体のためにいい。

体言形になった主語をみつけるには、「……もの」「……こと」といった表現に注目する。しかし、最後の例のように「泳ぐのは」というういい方も、よく用いられる。「……の」の形だが、これは「もの」「こと」をくずした表現であり、立派に主語になる資格がある。体言主語は、名詞主語に比べ前に文節をもちやすく、そのぶん、主語の位置がうしろにいく傾向がある。

その三——助詞の「は」「が」の前の言葉は、ほとんどの場合、主語である。

この意味は、文章を読むときは、「○○は」「××が」となっているところを探しなさい、ということだ。もっとも、「は」「が」などの助詞は周辺であるから、それを凝視する必要はない。視野の片隅に「は」「が」が入ったら、その前の言葉（主語）を凝視すればよいのである。

これは実にラクな方法で、コツをつかむと、それこそ一瞬のうちに主語に目がいくようになる。ただし、主語に続く助詞は、「は」「が」に限っていない。また、助詞が省略されていることもある。

・彼も、ようやく結婚する気になってきた。
・彼と私とで、計画の骨子をねりあげた。
・A社、B社とも、史上最高の業績をあげた。
・その場に居あわせた一同、がく然として色を失った。

最後の文章が、助詞「は」の省略された例である。こうしたケースに備えるには、次の二点を注意したい。第一は、文章のはじめのほうにある助詞には、一応チラッと視線を走らす。主語を示しうる助詞は、「は」「が」「も」「で」「とも」「では」「でも」。

第二は、読点「、」で切れている名詞、体言形。やはり、文章のはじめのほうにあるものは、助詞が省略されていても主語であることが比較的多い。一般に、主語の次には、読点を打つ文章が多い。逆に考えて、読点の上を探すのも、主語をみつけるよい方法になる。

その四――「ない袖は振れぬ」というが、「ない主語は、容易に発見できる」。

日本語だけのことではないが、主語を省略した文章がある。

・「(私は) 必ず社長になるぞ」

・(今日は) いい天気だ。

このような場合、隠れた主語を発見するのは厄介なことにみえる。しかし、発想を変えるならば、これは問題でもなんでもない。主語を省略するのは、書かなくても主語がわかるからだ。省略すると空語がわからなくなるときは、絶対に主語が入っている。

・巨人を岡本のヒット一本に押さえ、完封勝ちした。
・昨年の売上高を一〇％上回った。

こんなバカな文章は考えられない。日本人なら誰でも、隠れた主語がわかる。その条件があってこそ、主語は省略される。だから主語のない文章は、主語なしで構わず読み進むがよい。自然に、主語は頭に入っているのである。

以上の四つが、主語発見のコツだ。これらを組み合わせるなら、第一の焦点＝主語を一目でつかむのは造作もない。速読の必要条件であるとともに、文章の本質把握力を目ざましく向上させるだろう。

5．第二の焦点―目的語（補語）のつかみ方

目的語は、働きかける対象＝人・ものを表わす。「私は　本を読む」の「本」が目的語にあたる。人間の行動は、ほとんど常に何かをめがけている。当然、その対象は重要な焦点だ。ゆえに、目的語は文章の第二の焦点になる。

主語と目的語は、主体と客体、能動と受動の関係でもある。私は彼に話しかけるが、次の瞬間には彼が私に向かってしゃべる。目的語の重要性は、主語のそれに劣らないといってよいだろう。

こういうわけで、目的語のみつけ方は主語のみつけ方にほぼ準じる。

目的語になる品詞は、やはり名詞と体言形だ。漢字、カタカナに注目すべきことも、主語の場合と同様。ただし、ビジネスに関する読みものでは、特別に重要な目的語が二つある。固有名詞と数字である。

・工場進出の適地は、○○市か××市のどちらかである。
・X計画の内容は、P社のQ重役に内々伝えている。
・善後策協議のため、当部は技術員R、Sをニューヨークに派遣させる。

企業の仕事は、内容を具体化しないと進んでいかない。固有名詞的な明快性、即物性が要求される。抽象名詞、一般名詞では不十分なことが多い。単に、「工場進出の適地を検討する」「善後策を協議し、善処する」といったいい方は、タブーだ。

・当社の製品シェアは、先月に比べ三％ダウンの二五％にとどまった。
・今年度の合理化額は、前年度なみの十億円を目標とする。
・新設工場の規模は、生産人員五千人、生産能力・月産三万台、生産額・月二十億円、である。

こちらの例では、数字が目的語になっている。数字ももちろん名詞だが、一般に数字は主語になりにくい。内容を実証するものとして、目的語で使われる傾向が強い。

こういうわけで、固有名詞と数字は、ビジネスマンにとって特有の目的語だ。ビジネスマンがものを読んで仕事に役立てるつもりなら、この二つに焦点をあてなければならない。多くの文章には、多くの目的語が伴う。それら目的語の中でも、固有名詞、数字にとりわけ注目する必要がある。そうすることによって、ビジネスマンらしいシャープな読み方ができるようになろう。

目的語の位置は、文章の真ん中あたり。ただ、倒置文ではそれが最初にくることもある。この点はすでにふれた。

目的語をみつけるのにも、有力な手がかりがある。「○○を」「××に」となっているところを探すのだ。「を」「に」を手がかりにして、「○○」「××」を凝視する。それらは例外なく、目的語と考えられる。目的語に続く言葉は、「を」と「に」以外にもある。参考までにあげれば、次のとおり。

・「あいつの歯なら、皿でもかじっちゃうよ」
・彼は暑さも寒さも苦にしない。
・本件については、当課で対策を講じる。
・彼は、一か月先の仕事まで終えてしまった。
・私は、毎日走ろうと心に誓った。

6．第三の焦点――述語のつかみ方

日本語の文章では、述語が終わりにくる。三語文を例にとると、A＋B＋CのCが述語を意味する。英語では、述語は主語の次に位置する。すなわち、Bである。日本語の文章を再び人間の体にたとえるなら、主語が頭・顔に相当し、述語が足に相当する。

終わりにくるから重要でない、ということにはならない。それどころか、述語は文章の第三の焦点である。行為、動作、状態、対象への働きかけ――これらは、いずれも述語によってしか表現されない。では、述語を速読に向いた形で、いかに素早くつかまえるか。以下、ポイントを述べる。

簡単にいってしまえば、述語は文章の〝結論〟である。述語がないと、結論がわからない。

「今日未明、アメリカの旅客機がロッキー山中に墜落した。日本人の被害者は……」。被害者はいたのか、いなかったのか。どちらであるかによって大変な差が生まれるが、そのことは述語がない限り、判断のしようがない。

述語をみつける最良の方法は、文章の最後に視線を向けることだ。そうすれば、間違いなく、そこに述語を見出せる。重文の場合には、読点「、」で切れているところにも目を向ければよい。重文とは、次のような文章だ。

・ソフトバンクはロッテに勝ち、日本ハムはオリックスを破り、西武は楽天と引き分けた。

一つの文章の中に複数の主語、述語、目的語が含まれている。この種の文では、読点が手がかりになる。述語の発見は、それほど大変ではない。

厄介な問題は、ほかにある。述語は、語尾変化、時制、言葉の結合などによって、複雑な態様を示す。また、文章の意味が肯定なのか否定なのか、つかみにくいケースがある。こうした複雑さを一瞬のうちに処理できなければ、述語の速読はできない。いくつか例をあげながら、効率的な読み方を説明していこう。

まず、述語の一部ではあっても、「である」「であった」「のである」といった言葉は凝視しないこと。

・彼の優位は明らかであった。

・B社の売上高は、遂に一兆円を越えたのである。

「明らか」「越えた」という言葉は凝視しなければならないが、それ以下は視線をすべらせてしまう。「である」「のである」を読まなくても、文章の意味はまったく変わらないからだ。

次に、動詞を二つ重ねた表現もよくみられるが、ここでも意味本位で、はじめの動詞だけ凝視するようにする。例によって、凝視箇所を○印で、そうでないところを×印で示そう。

食べてみる　数えていく　調べておく　迫ってくる　捨ててしまう　占めるに至る
○○××　○○○××　○○○××　○○○××　○○○×××　○○○×××
話せるようになる　読んであげる　終わっていた　遊んでやる
○○×××××　○○○×××　○○○○××　○○○××

第三は、肯定か否定かの見分け方。「ない」という言葉が続く文章は、よほど注意しないと、意味を反対にとってしまう。たとえば、次のような文章である。

・学歴のない人は社長になれない、という意見は正しくない。
・日本の経済成長は決して奇跡によるものではないことを私は否定しないが、基礎資源があれほど豊富低廉に供給されなかったとしたら、日本の成長はなかったといえないこともない。

これは、わざとややこしくつくった文例だが、現実にもこれに近いものはいくらでもある。読者泣かせの悪文というほかはないが、次の方法であっさり料理できる。つまり、「ない」の数を数え、合計が奇数なら否定語が一つついた否定文、偶数なら否定語がゼロの肯定文と判断するわけである。このとき、「否定する」「反対する」「拒否する」といった言葉も、「ない」の同類、否定語として扱う。

すると、最初の例文は否定語が三つ。二番目の例文は前段が三つ、後段が四つだ。そこで、それぞれの文章は、否定語一つだけの形でこう表現できる。

・学歴のない人も社長になれる、という意見は正しい。
・日本の経済成長が奇跡によるものだとは思わないが、基礎資源があれほど豊富低廉に供給されたから、日本の成長はあったともいえる。

あの難解な文章が、あっけないほど平易になってしまった。こういうふうに解釈すれば、文意をつかみそこねる心配はない。ニュアンスは若干変わってくるが、大勢には影響ないだろう。

以上の三点は、ぜひマスターしておきたい。それによって、本来けじめのつけにくい述語に関しても、焦点読みが可能になる。

7．周辺のつかみ方

「周辺」とは、文章の焦点以外の部分である。焦点読みでは、焦点を凝視し、周辺はとばす感じで読む。したがって、表題に「周辺のつかみ方」といっても、それは「焦点のつかみ方」とはおのずと異なる。

「ウン、この部分は周辺だ。注視しなくていいな」——こういう判断ができるようになればよいのである。

周辺の典型的なものは、句読点、カッコ、ハイフン、傍点などの記号だ。これら各種記号は、常に周辺である。

記号に目をとめてはいけない。記号そのものにはなんの意味もないから、それに時間をかけるのはムダなことだ。そんなことでは、決して速読はできない。

周辺の第二は、副詞、接続詞、助詞、助動詞など。これらは、文章の中で比較的重要性が小さい。チラッと目を配る程度で十分だし、仮に見逃がしても、致命傷になるおそれはない。二、三、例をあげておく。

・急に雨が降ってきたので、あわてて傘をさした。
××○×○○××××××××○×○○××
・太陽は、ジリジリと皮ふを焼いた。
○○××××××○○×○○××
・ところが、会はもう終わっていた。
××××○×××○○○×××

形容詞、形容動詞は、ケースバイケースで、焦点になったり周辺になったりする。というのも、形容詞、形容動詞は、述語にも修飾語にもなりうるからだ。
・〈述語形容詞〉二郎君は、一郎君より三歳若い。
・〈修飾形容詞〉長い楽しい夏休みが終わった。
・〈述語形容動詞〉彼はいつもにこやかだ。
・〈修飾形容動詞〉ふだんは静かな湖畔に、元気な歌声が響いた。
述語として使われている形容詞、形容動詞は、もちろん焦点である。そして、修飾語として使われた場合は、例外もあるが、ほとんどは周辺になる。実践的にいうと、文章末尾の形容詞、形容動詞には注目しなければならない。しかし、それらが文章のはじめおよび途中に出てきたら、凝視する必要はないということだ。こうみてくると、文章には予想外に周辺部分が多い。焦点読みが速読をもたらすゆえんだろう。

8．効果＝標準より二倍強の速さ

ここまで、焦点読みの方法を、いくつかのポイントに分けて説明してきた。それらをうまく総合して使うことができれば、焦点読みは卒業だ。ここからは、何よりも実践がものをいう。実際の文章で、焦点読みのトレーニングをしてみよう。私なりの解答も示すが、それをみる前に、ともかくご自分で読んでみることが大切である。

〔例題１〕次の文を焦点読みせよ。

――さて、事業は顧客の創造を目的とするものであるから、いかなる事業も二つの基本的機能――すなわちマーケティングと革新――を持っている。マーケティングは企業独特の機能である。企業が他の人間組織から区別されるのは、商品またはサービスについてマーケティングを行なうからである。教会、軍隊、学校、国家といった組織は、マーケティングを行なわない。いかなる組織であろうと、商品またはサービスについてマーケティングを行なわないものはすべて事業ではありえないのである。（ドラッカー『現代の経営・上』四九ページ、野田一夫監修・現代経営研究会訳、ダイヤモンド社）

〔解　答〕

――事業…顧客の創造…目的とする…事業…二つ…機能…マーケティング…革新…持って…マーケティング…企業独特…機能…企業…人間組織…区別される…商品…サービス…マーケティング…行なう…教会…軍隊…学校…国家…組織…マーケティング…行なわない…組織…商品…サービス…マーケティング…行なわないもの…事業…ありえない…

あなたがお読みになった結果は、どうだったろうか。この解答は、焦点読みを幾分甘く適用したものだが、それでも原文二百二十四字が百二十一字に簡潔化されている。ここで、解答の字面だけをみると意味がわかりにくい気がするが、実際には「…」の部分も視野の隅に入っているため、これで十分だ。

〔例題2〕

――たとえば、フォード自動車会社は、自社の製鋼所を持っている。これは年産一五〇万トンの能力を持ち、アメリカでも最大の製鋼所の一つに数えられている。しかし、この製鋼所の最高幹部ですら、自分のところでできる製品の原価を知ることができないというのが、デトロイトでは公然の秘密となっていた。たとえば、所長でも、自分のところで使っている石炭の単価を知らなかった。旧体制の下では、購買契約は、すべて極秘事項とされていたからである。（同書一六九ページ）

〔解　答〕

——フォード自動車…製鋼所…持って…これ…一五〇万トン…能力…持ち…アメリカ…最大…製鋼所…一つ…数えられて…最高幹部…原価…知ることができない…デトロイト…公然の秘密…所長…石炭…単価…知らなかった…購買契約…極秘事項…されて…

この例題では、原文二百七字に対して焦点読み八十九字である。速読倍率は、二・三倍になる。焦点読みに慣れてくれれば、例題２程度の読み方はラクにできる。

結論をいえば、焦点読みの速さは、標準速度に比べ二倍強といったところだろう。標準速度は、一時間に一万八千字読むスピード。したがって、焦点読みだと、原文の字数に換算して、一時間に三万六千字強を読むことができる計算になる。

第Ⅱ章　かたまり読みの方法

1．かたまり読みとは？

眼の生理学からいえば、焦点読みは、文章の焦点を凝視し、焦点から焦点へ視線を移動する方法だった。つまり、そこでは〈凝視〉の働き、〈視線移動〉の働きを最大限に活用した。

これに対し、一度に多くの文字を視野に入れ、それによって読む速度を上げようというのが、〝かたまり読み〟の方法である。

ごはんを、一粒一粒食べる人はいない。そんなことをしていたら、日が暮れてしまう。ひと口に百粒、二百粒のかたまりで食べるから、そんなに時間がかからないのだ。十個のリンゴを数えるとき、一、二、三、四と数えるのもいいが、それより二、四、六、八と、二個ずつ数えるほうが早い。こういうふうに、かたまりで処理すると早くできることが、世の中には案外多い。

この〝かたまり〟の考え方が、読むことにも使えるのである。「花・よ・り・ダ・ン・ゴ」と一字ずつ読むのに比べ、「花――ゴ」をパッと一目でつかむのはよほど速い。一目で一字読むところを十字読めるようにすれば、読むスピードが上がることはあたりまえだ。

ところで、誰でも知らず知らずのうちに、ある程度かたまり読みをやっている。ものを読む標準速度は、一時間一万八千字だった。秒当たりでは五字。この五字というのが、かたまり読みでも標準値になる。すなわち、一目五字である。念のために、小手調べをしておこう

・一人の男が、ハチ公前に、立っていた。何回となく、腕時計を見、人待ち顔で。どれぐらい、たった頃か、彼の背中を、ポンと叩く、ものがいる。「アラ兄さん、こんな所で、何してるの」。ふり返ると、妹であった。

五字ずつに区切った文章である。容易に一目で五字ずつ読めたと思う。もし、それがで

きなかった人がいたら、この例文を題材に、一目で五字つかめるまで練習していただきたい。すぐにできるようになるはずだ。

かたまり読みでは、〝一目五字〟が出発点である。一目でそれより多く読むことができれば、そのぶんだけ速読が可能になる。かたまり読みのレベルを上げるには、どうすればいいのか。かたまり読みの上限はどの程度か。これが、本章のテーマである。

かたまり読み

普通、人は五字程度の文字を、ひとかたまりにして読んでいる。より大きなかたまりを一目で読めるようになれば、それが速読みになる。かたまりを十五字程度まで拡大するのが、かたまり読みの方法である。

2．視野をひろげる

一目で多くの活字をとらえるのに、三つの方法がある。①眼を見開く（瞳孔をひろげる）、②適正距離をとって読む、③一字一句にこだわらないようにし、徐々に読みとる字数を増やしていく、の三つだ。

このうち、①はあまりおすすめできない。思ったほど視野はひろがらないし、眼筋がすぐ疲労する。眼自体の疲れも大きい。長い目でみて、眼に負担をかける方法は避けたほうがいい。

距離の問題は、はなはだ重要である。よく、「本は目から三十センチ離して読め」といわれるが、これは正しい。それがちょうど適正な距離なのだ。視野の点からいえば、紙面との距離が近づけば近づくほど、視野は狭くなる。目に入る字数は減ってくる。逆に、遠ざかれば、それだけ視野はひろがる。多くの字が目に入る。

この点だけからすると、一メートルも二メートルも離して読むのがよいことになる。しかし、離れすぎると字がぼやけてきて、読みとるのが困難になる。そういうわけで、三十センチ前後が、広い視野を確保しつつ、文字を明瞭に判別できる適度の距離といえる。これが、適正ということの第一の意味である。

適正のもう一つの意味は、疲労ということに関する。十センチぐらいの近さで、ものを読んでみよう。たった、一、二分読み続けるだけで、眼の奥がツーンとした感じになる。

それ以上がんばると、猛烈な疲労がくる。反対の場合はどうか。遠ければそんなことはなさそうに思えるが、実はやはり疲れる。字が相対的に小さくみえるし、照度も低下するからだ。神経を集中させないとスムーズに読めないから、これはこれで相当に疲れるものだ。

この点でも、三十センチの距離は理にかなっている。もっとも疲れにくく、長時間の読書に十分たえるのである。三十センチの距離をとったからといって、即、かたまり読みができるわけではない。しかし、かたまり読みするための前段階として、適正距離をとる習慣をつけるようにしたい。

第三は、徐々に読みとる字数を増やしていく方法だ。これが、前述したとおり、かたまり読みの中心的方法になる。項を改めて説明しよう。

3. パターン認識を利用する

昨今、コンピュータによるパターン認識の研究が、たいそう盛んである。パターンとは、図形とか輪郭のように、ものごとの対視覚的、形状的特徴を指していう。

パターン認識において、人間は他の動物やコンピュータに比べ、抜群の優越的能力をもっている。入り組んだ線の中にある図形を発見するのは、もちろん、この能力である。いろいろ大きさの異なる正三角形、不等辺三角形を、いずれも「三角形」と認識する抽象化能力。これも、パターン認識能力の一形式だ。

このパターン認識の働きが、かたまり読みにも大変役に立つ。私たちが今問題にしているのは、日本語の文章である。日本文の中には、日本語特有のパターンがある。そのことをうまく利用すれば、かたまり読みがグッとしやすくなるのだ。

日本語の第一の特徴的パターンは、〝漢字〟である。漢字とヒラガナは脳の別のところで処理される、という興味深い学説があるが、それをもち出すまでもなく、漢字には独特の形態的特徴がみられる。列挙してみよう。

①具象的である。

②充実した密度をもつ。

③漢字だけでまとまりやすい（熟語がそのよい例）。

④文章の〝地〟の上で〝図〟になりやすい。

④について補足する。ゲシタルト心理学では、〝地〟〝図〟という概念をよく使う。たとえばルービンは、花瓶と人の顔がかわりばんこに現われる反転図形を考案した。地は背景

を、図はその上に浮き出る絵を意味する。ルービンの図形では、地と図がひっきりなしに入れ替わるが、一般には地と図の役割は固定していることが多い。

この考え方を、日本語の文章に適用してみよう。すると、明らかに日本文の〝地〟にあたるものはヒラガナであり、〝図〟にあたるものが漢字（とカタカナ）である。漢字が文章の中で強い印象効果をもつのは、それが〝図〟になっているからだ。なぜ〝図〟になるかといえば、その具象性、まとまりのゆえだ。

「……。ところがね、今度の西北学院については私は別の考えをもっておる。……学校経営ももちろん一種の公共事業ですが、しかし是は営利企業ではありません。営利企業であってはならない。青年たちを教育する仕事……これは国家的な事業であり、最も崇高な事業です。こういう崇高な事業を、営利ということのために歪めてはならない。商売というものはね、ときどき悪いことをやります。悪いことを承知の上で、やってのけることがあります。純毛だと称して化学繊維をまぜたり、牛肉の缶詰に鯨の肉をまぜたりします。しかしね、青年を教育するのにごま化しやまぜ物をすることは許されない。それはね、教育と称して青年を悪くすることだ。……」（石川達三『傷だらけの山河』四九九ページ、新

潮文庫）

この文章を一瞥すると、ヒラガナを地にして、「西北学院」「学校経営」といった漢字群が浮かび上がっているのが、よくわかる。つまり、漢字はかたまりやすい。したがって、かたまり読みでは、漢字を、特に固有名詞や熟語になった漢字をマークする必要がある。

第二の特徴的パターンは、〝カタカナ〟だ。これも、まことにユニークな形態をもっている。

①具象的というより、図形的である。
②硬質の簡素な形をもつ。
③カタカナだけでまとまりやすい（外来語がそのよい例）。
④文章の地の上で図になりやすい。

このように、カタカナは漢字とは質の違う強い印象効果をもつのである。『傷だらけの山河』からもう一つ、例文を引こう。

「鏡つきの洋服だんすを買い、冷蔵庫を買い、三面鏡を買い、ハイ・ファイの蓄音器を買い、ガラス食器の幾組かを買い、洋食器のセットを買い、カットグラスの花瓶を三つも買い、五足の靴と二枚のオーバーコートと一枚のレーンコートを買い、スーツとワンピースとを何枚も註文し、アメリカ製の化粧品と石鹸とを買込み、赤い花のついた三枚のネグリジェを買い、それから金色の籠にはいった真白な文鳥を買った」(同書一九二ページ)

カタカナの言葉にはシャープな感じがあり、カタカナのほうから勝手に、ズバッと目に飛びこんでくる。それほど、カタカナの訴求効果は強い。Tシャツや広告看板にカタカナが多く使われるのは、そのためだ。カタカナは、かたまり読みしやすい。「カットグラス」「オーバーコート」「レーンコート」などの長い言葉も、カタカナのせいで一目で頭に入る。

日本語は、漢字、ヒラガナ、カタカナの三種が混合した、世にもマレな言語である。そこからパターン認識上の顕著な傾向が現われた。ヒラガナの相対的な〝地〟化と、漢字・カタカナの〝図〟化だ。漢字とカタカナは、ヒラガナに対して浮き立ってくる。一目で把握しやすい。

だから、かたまり読みでは、漢字、カタカナをかたまりとしてとらえることから入っていくのがいい。そうすれば、かたまりで読むという意味がはっきりわかる。それがわかれば、かたまり読みの応用も案外簡単にできるのである。

4. 一目十五字で卒業

一目五字のレベルからいきなり一目十五字のレベルにもっていくのは、かなりむずかしい。しかし、徐々に視野をひろげていくやり方だと、時間はかかるが、最後には必ず一目十五字読めるようになる。

六字の言葉をいくつか選んで、一目でつかむ練習をする。それができたら、七字、八字へとハシゴを高くする。以下、この要領で進めればよい。もう少し間隔をとって、六字↓九字↓十二字↓十五字というステップでもよいかもしれない。

字数が十字以上になると、かたまり読みにもちょっとしたコツが必要になってくる。まず、かたまりの真ん中辺を眺めるようにすること。これで、かたまりの上端から下端まで、視野に含まれる。次に、特に大きなかたまりの場合は、視線を軽く下向させ気味にすること。かたまりの中に、二つの焦点があるような気分で読むと、うまくいく。

以下、十字の文例、十五字の文例をあげる。読者は、ここでひとつ、誌上トレーニングしてみていただきたい。

〈十字の文例〉

ニューファンドランド
今日は会議が三つある
エンジンがかからない
石油ショックの後遺症
東京都千代田区有楽町
グレートソルトレーク
プロジェクト・チーム
二人は次の駅で別れた
ステーション・ホテル
山のお寺で鐘が鳴った
ヨハネス・ブラームス
工場はフル稼動だった
彼はコーヒーを頼んだ
トランシルバニア山脈
出張所へ転勤になった
スプリングフィールド
土地の値上りは激しい
寝が足りないと疲れる
電車の中で知人に会う
ヴィルヘルム・ケンプ
予算を十五%削減する
ドスンと尻もちをつく
伝票が二十枚紛失した
秋の全国交通安全運動
ありがとうございます
タクシーに傘を忘れる
信長は本能寺で死んだ

〈十五字の文例〉

お得意先から大量の注文があった
彼は毎朝子供とランニングをする
今年の夏は例年になく涼しかった
試験会場に緊張した空気が流れた

一八七七年エジソン蓄音器を発明
調整のため彼は社内を飛び回った
日本企業の海外進出が活発である
どこのビヤホールも超満員だった
彼の営業成績は再びトップだった
急の出張で資料を読むヒマもない
トラブルの原因がまだつかめない

コスト低減額は十五億円に達した
夏泳いでおくと冬カゼをひかない
彼はグングン頭角を現わし始めた
ドミトリー・ショスタコヴィッチ
夕焼け空に富士がくっきりみえた
すべりこみでタイムカードを押す
今度の計画にはまだ問題点がある

十字、十五字はかたまり読みの二つの関門で、特に十五字の壁は厚い。それだけに、一目十五字読めるようになれば、これは立派なものだ。十五字以上のかたまり読みも可能だが、十五字でかたまり読みは卒業と考えていい。

5. 新聞・週刊誌・雑誌の読み方

タテ組みの読みものの文章構造には、二つのタイプがある。カニ型（ヨコ型）とキリン型（タテ型）だ。カニ型は、一行の字数が少なく、その代わりヨコに延びていくもの。カニが地を這うように、水平方向にスペースをとる。タテ型は一行あたりの字数が多く、キリンや高層建築のごとく、垂直方向にボリュームがある。

カニ型の代表例が、新聞と週刊誌である。新聞記事は一行が十五字からなる。週刊誌では一行あたりの字数がさらに少なく、十四字あるいは十三字だ。カニ型構造は、簡潔で歯ギレのいい印象を与える。カニ型には短文が向いている。

キリン型の代表例は、本である。本の大きさ、活字の大きさで変わってくるが、一般には一行四十字強のものが多い。キリン型構造は、コクと手ごたえを感じさせる。カニ型に比べて、長文の文章表現に向いている。

この区別に応じて、かたまり読みの方法も異なる。新聞、週刊誌などを読むに適した方法を「かたまり読み―カニ型」と呼ぼう。これに対して、本向きの方法は「かたまり読み―キリン型」と名づける。本項では、このうちカニ型の方法をとりあげる。そして、キリン型については、次項で述べることにしよう。

さて、カニ型文章の特徴は、一行あたりの字数がせいぜい十数字で、一行全体が一目で視野に入る点にある。すでに私たちは、一目十五字読む練習をしてきた。それが、仮にできたとしよう。そうすれば、カニ型のかたまり読みをマスターするには、ほんのあと一歩だ。カニのヨコ歩きになぞらえるなら、文章の〝ヨコ読み〟ができればいい。

新聞のベタ記事を例に、カニ型の説明をする（次頁の図5）。最近の朝日新聞の記事である。ほとんどの人は、この記事を「タテに読む」だろう。「あたりまえじゃないか。ほかにどんな読み方があるかね」。皆、そう考える。このように新聞記事のタテ読みは、従来、当然とされてきた読み方だった。

ところが、それではある程度以上の速読はできない。そこで、かたまり読み—カニ型では、文章を「ヨコに読む」のである。

図5の中段に、従来の読み方を示した。一行一行、その中の一字一句に目を通す。視線はたえず上から下に向かい、一行読み終わると次の行に移る。これに対し、カニ型のかたまり読みでは、視線を行の中心部にあてる。そして、視線を上下方向にでなく、ヨコ方向へ、つまり左のほうへ移していくのである。もちろん、顔も上下方向に動かない。左のほうへ顔を向けていく感じになる。

上下方向に微動だにしない、ということではない。一目十五字程度の大きなかたまりになると、心持ち視線を動かし気味に読むと効果がある。その程度の融通性をもちながら、

図5　新聞記事・雑誌記事の読み方

〈新聞記事例〉

パナソニック楠見新社長

2年で「成長事業見極め」

来年に持ち株会社化

パナソニックは2022年、持ち株会社に移行する。8つの事業会社に再編し経営のスピードを速める。24日の株主総会後に社長に就いた楠見雄規氏は日本経済新聞の取材に対し、2年間で「（傘下の事業会社の）競争力を高めたうえで成長事業を見極めたい」と話した。（以下略）

〈従来の読み方〉

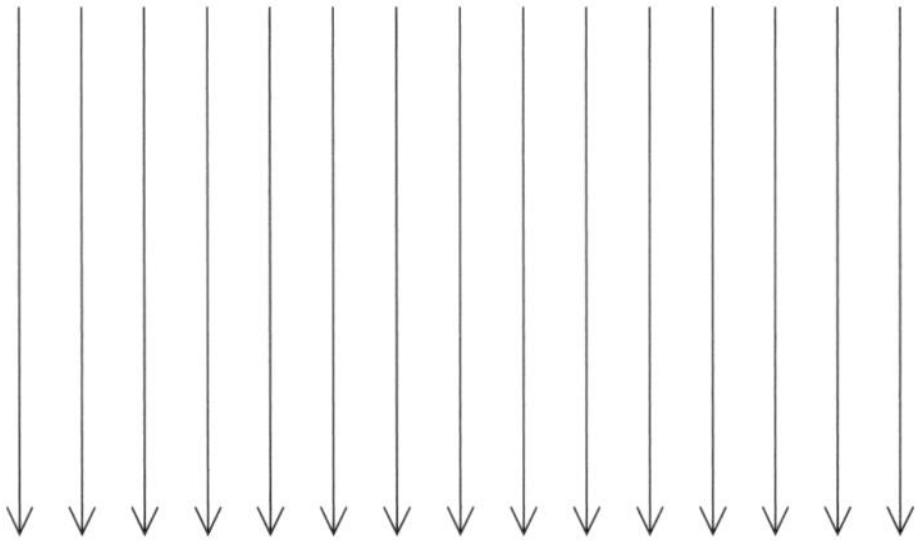

〈かたまり読み―カニ型〉

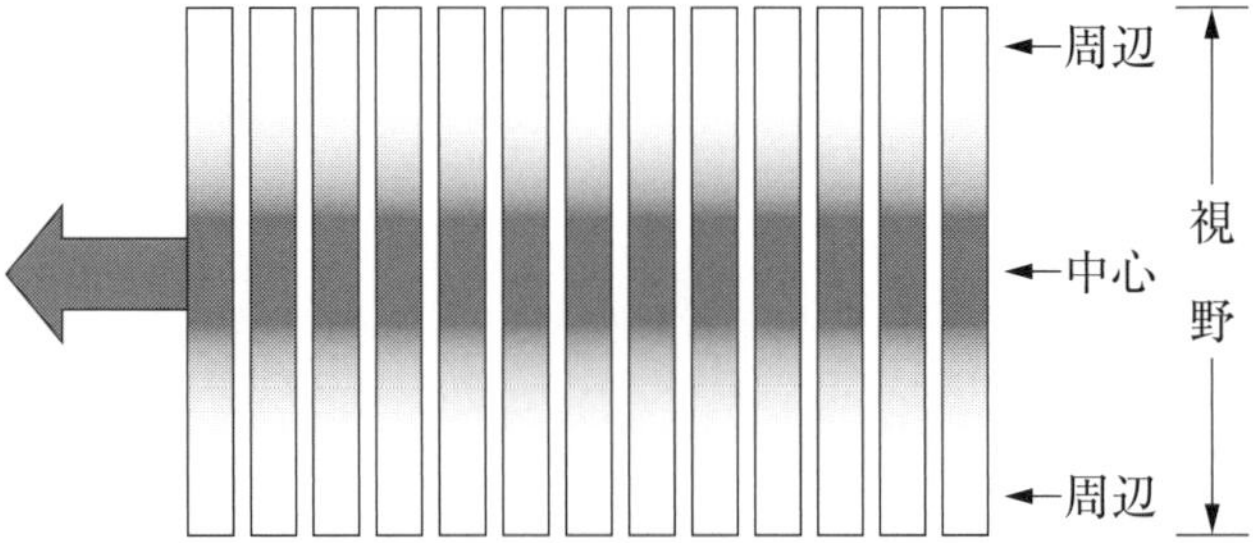

〈例題１〉

新型ブラックホール発見

ガスに埋もれる

　新しい形態の巨大ブラックホールを、上田佳宏・京都大准教授らが、宇宙航空研究開発機構のエックス線天文衛星「すざく」などを用いて発見した。大量のちりやガスに深く埋もれ、ちょうちんのように見える。8月1日付科学誌「アストロフィジカル・ジャーナル・レター」に掲載される。

　ブラックホールは、太陽の約10倍の質量を持つもののほかに、１００万～10億倍の巨大なものがある。巨大ブラックホールはこれまで、周りを平らなドーナツ状のちりやガスが囲む形のものが知られていた。

　新しく見つかったものは、丸い形のガスなどの塊に囲まれていた。ブラックホールはそれ自体を見ることはできないが、そこから発するエックス線を「すざく」の世界最高レベルの検出器で観測。地球から約８０００万光年と、３億５０００万光年離れた２天体で確認した。

　形が異なる原因の解明はこれからといい、上田准教授は「観測技術の発達で、見逃されていたニュータイプが見つかった。全宇宙に大量に潜んでいるのだろう」と話している。

〈例題２〉

アジア・チャンピオンズリーグ

ACL　１次リーグ第５節（４日）

名古屋５連勝

決勝Ｔ決めた

　名古屋はジョホール（マレーシア）に２―１で勝利し、５連勝でＧ組１位を確定させ、日本勢一番乗りで決勝トーナメント(Ｔ)進出を決めた。アジア・サッカー連盟は5日、決勝Ｔの準決勝までを集中開催の一発勝負で行うことを発表。開催地は未定で、決勝は西地区の会場となる。Ｈ組のＧ大阪は第4節で、チェンライ（タイ）と１―１で引き分け、1勝3分けで勝ち点6とした。

▽Ｇ組（タイ・ラジャマンガラ国立競技場）

名古屋（Ｊリーグ3位）　2（2―1／0―0）1　ジョホール（マレーシア）

点【名】マテウス、阿部【ジ】サイフッラー

主要な運動はあくまで左方向へ、というのがこの方法のコツといえる。これ以上の点は、個人一人一人が自分の感覚で納得するしかない。

トレーニングのため、二つの題材を出す。ともかく「左へ、左へ」という意識で視線を動かし、読んでみていただきたい。なお、前提になる一目十五字ができないと、ヨコ読みどころではない。二九ページのフロー・チャートに従い、ここでもう一度、一目十五字の可否をチェックしてみよう。そして、それがまだ不十分であるなら、「急がば回れ」で、再び前項「一目十五字で卒業」のところに戻るようおすすめする。

6. 句読点が区切り——キリン型

キリン型では、一行あたりの字数が四十字強に及ぶ。さすがにこうなると、一行全体を一目でつかむことは不可能である。本は、この種のタイプだ。このとき使う方法が、「かたまり読み——キリン型」である。

一行四十字強の文章は、三つか四つのかたまりに分けて読む。四十五字の文章なら、十五字のかたまりが三つ、十一、二字のかたまりが四つできる計算になる。もっともこれは理屈で、現実の文章はこの計算どおりにうまく分かれない。

・かつて、Ｅは同社の屋台骨を支えるドル箱商品だったが、需要構造の変化、さらには人件費の安い開発途上国の参入、追い上げによって、今や経常の足を引っ張るお荷物商品に成り下がってしまった。

①　②　③　④　⑤　⑥

一本の矢印の長さは、十五字分を示す。九十字の文章だから、最初から機械的に十五字ずつ区切っていくと、六つの部分に分かれる。しかし、この切り方では、文章の切ってはならないところがブツブツ切れている。とても、意味のまとまったかたまりになっているとはいいがたい。

ここから、かたまり読み―キリン型の方法が始まる。もっとも重要な原則を述べよう。

《句読点、特に読点を区切りにして、かたまりをつかむ》

あらゆる文章は、読点「、」と読点の間、読点と句点「。」の間にまとまった段落をもっている。したがって、句読点を手がかりにすれば、かたまりがつかみやすい。その上で、かたまりの大きさを考慮に入れる。小さなかたまりでは速読効果が弱いから、十字〜十五字程度の大きさでつかむよう訓練する必要がある。

以上を念頭におきながら、『日本人とユダヤ人』の一節を読んでみよう。今度は、矢印の長さは、段落の大きさに応じて変化する。その辺の呼吸を十分ご認識いただきたい。

・日本人が無宗教だなどというのはうそで、日本人とは、日本教という宗教の信徒で、それは人間を基準とする宗教であるが故に、人間学はあるが神学はない一つの宗教なのである。そしてこの宗教は、「人間とはかくあるべき者だ」とはっきり規定している。つまり一つの基本的宗規が存在するのである。すべての法律、規則、規定、決議は、満場一致であろうとなかろうと、この宗規に違反していないかどうか厳密に審査されねばならない。
したがって議決は常に最終的決定でなく、いわば満場一致の決議案にすぎないのだから、
日本人は、これにさして神経質にならない。したがって「全員一致の決議は無効である」
などという規定を設ける必要もないのである。

（イザヤ・ベンダサン『日本人とユダヤ人』八四ページ、山本書店）

この例を参考にして、実践上の注意を三つほどしておく。まず、かたまりをつかんだらその真ん中辺に視野の中心をおくことは、今までの場合と同様である。第二に、かたまりとしてはよくまとまっていても、その途中で行がかわることがある。このときは、行の最下部を見、それから次の行の最上部を見る、というふうに、ツウ・モーションになるのもやむをえない。

第三に、例文の中に「法律、規則、規定、決議」という列挙表現がある。列挙表現には

小きざみに読点が使われる。しかし、いかに句読点がかたまりの区切りとはいっても、そこまで杓子定規にやる必要はない。列挙表現については、列挙事項の全体をひとかたまりとして読むようにしたい。

なお、例文では十八字、十九字、二十字、二十一字のかたまりもみられる。それらも熟練すれば一目で読めるようになるのだが、それがむずかしい間は、さらに二分して読むようにすればいい。

著者によっては、読点をほとんどうたず、エンエンたる長文を書く人がいる。キリンという形容ではまだ足らない。スカイツリーのごとき長文である。このときは、読点に頼れない。上から順に、やはり十字〜十五字の大きさをメドに、かたまりをつかんで読むことになろう。

7．子供に試みて成功

ジェンナーの種痘ではないが、私はかたまり読みを、自分の息子に試みた。子供をおもちの方には興味がおありだと思うので、その結果をお知らせしよう。

愚息が小学校一年生のときの話である。学校に行き出してから、本に興味をもつようになった。買い与えた童話や図書館から借りた本を、喜んで読む。ところが、その読み方がいかにもたどたどしい。しばらく様子をみたあと、頃合いをはかって私が乗り出すことになった。

最初は、音読しかできなかったのを、黙読もできるようにした。それまでは、どんなものでも声を出さないと読めなかった。「ふ・り・か・え・っ・て・み・る・と、ま・ほ・う・つ・か・い・の・お・ば・あ・さ・ん・が、イ・ヒ・ヒ・ヒ・と・わ・ら・っ・て・い・ま・し・た」

音読だと、一字一字順番に読むしかない。かたまり読みをすることは、不可能といっていい。

さて、黙読をさせるには、ほんの二、三行を黙ってゆっくり読ませる。「ここからここまで、声を出さずに読んでごらん。ゆっくりゆっくりでいいからね」。決して、あせってはいけない。気長に構えて、少しずつくり返し、習慣づけていくのがコツだ。

黙読は、読む視野を拡大させる条件である。黙読ができれば、かたまり読みその他、速読を受け入れる態勢がととのう。そこで私は、かたまり読みの指導へと一歩を進めた。

・ガリバーは、めをさまして、たいへんびっくりしました。
・ながぐつをはいたネコは、ネズミになったまほうつかいを、ペロリとたべてしまいました。

こういう文章で、傍線部分をいっぺんにみるよう、その箇所に指をあてながら指導した。もちろん、黙読でである。その要領として、〝ガリバー〟という言葉なら、その真ん中辺、〝リ〟〝バ〟のあたりをみつめるように、と注意した。

子供のことだから、私のいう意味がもう一つピンとこなかったらしい。のみこむのに、チョイと時間がかかった。それから突然、信じられないほど読書スピードが上がってきたのである。

以前は、図書館から三冊も借りてくると、借用期限二週間以内に全部読み終えるのがホネだった。二週間で三冊を、一回ずつ読むのがやっと、という状態である。それが今では、三冊を最初の二日で読みあげてしまう。『てっかめん』『がんくつ王』など気に入ったものは、返すまでに十回ぐらい読み返している。

これらの本は、子供向きにやさしくしてあるし、さし絵もいっぱい入っていて読みやすい。それにしても、百五十ページぐらいはある本だ。それがスイスイ読めるようになったのは、まったく黙読とかたまり読みのおかげといってよいだろう。このケースでは、黙読による効果とかたまり読みによる効果とが、入り混じっている。おそらく、両者が相乗して、これほどの効果を生んだのだろう。かたまり読みだけの効果はつかみがたいが、相当大きかったことは間違いない。

思わぬ副産物もあった。速読ができると、それにつれて本が好きになるのである。音読のときは、話がおもしろくなる前にじれたり、退屈したりしていた。また、最後まで根気が続かなかった。今は、自分からすすんで読む。いかにも楽しそうに読む。本は楽しく読むもの、というのが私の持論だから、こうした情景は内心まんざらでもない。

8．効果＝標準より三倍の速さ

かたまり読みは、速読における第二の基礎技術である。技術だから、誰でも、子供であっても習得可能だ。しかし、厳密にいうなら、視野をただひろげればそれだけでかたまり読みができるというわけではない。視野をひろげることと並んで、一定の注意力もしくは集中力が必要とされる。

自分の視野に入っているものは、たしかにすべて網膜の上に映っている。すなわち、「見えている」。だが、「何かが見えている」状態と「これを見ている」状態とは、レベルが異なる。ものを見るには、あるレベル以上の意識作用が伴わなければならない。いいかえれば、「見る」は「見える」より大きなエネルギーを要する。

これが、いうところの「注意力（集中力）」だ。この注意力が欠如していると、見えてはいても見てはいない、という現象が発生する。

例を出そう。「人のサイフの中は見るものではない」。私は、こういうしつけを受けてきた。店のレジで、そばの人がサイフを開けてお金をとり出す。たまたま、その光景が私の視野の中に飛びこんでくることがある。このとき、永年にわたる習慣が強固に作用する。私は、そこに注意が向かわないよう、瞬間的に自己規制する。だから、見えているはずなのに、決してみていない。こうした不思議なことが起こる。

もう一つ、似た例をあげる。あるとき、親類の女性の着替えの真っ最中に出っくわした。まったく偶然にである。相手は「アッ」と声をあげた。驚いたのなんのって、私はあわてふためいて逃げ出した。このときも、結局、視野に入っていたはずのものを何一つ見ていない。私は女性のヌードは大いに歓迎だが、場合が違う。人間はまことにうまくできているものだ。

かたまり読みをするときは、これを反対に考えればいい。文字に視線とともに注意をも向ける。視野をひろげることだけでは足りない。視野に入った十字とか十五字の字を、一瞬のうちに見なければならない。注意力を働かせることが、必要なのである。

以上、本章ではかたまり読みの方法について、詳しく説明してきた。もう、新聞、雑誌、本その他、どんなものがきても恐くはない。カニ型にもキリン型にも、かたまり読みが適用できる。かたまり読みによって、読む速さは一目五字から一目十五字へと、スピードアップする。その効果は三倍である。標準の速さでは、一時間一万八千字だった。それが、かたまり読みのステップを通過することで、一時間五万四千字へとレベルアップするのである。

第Ⅲ章　見出し読みの方法

1．見出し読みとは？

焦点読み、かたまり読みは、文章を読むことに関する基礎技術だった。これに対し、見出しや目次を利用して速読しようというのが、〝見出し読み〟の方法である。前者が〝大手〟からの攻め方とすれば、後者はさしずめ〝からめ手〟からの攻め方にあたる。

見出しには、普通にいうところの見出しのほかに、本や雑誌、週刊誌の目次を含めて考える。いずれも、「本文内容のガイド」という共通の性格をもっているからだ。

いわゆる見出しの中でもっともおなじみなものは、新聞の見出しである。見出しのない新聞は、およそ考えられない。実際、新聞では、大きな記事はもとより、どんな記事にさえ見出しがついている。見出しは、記事の〝顔〟といってよいだろう。

新聞以外の活字媒体においても、事情はさほど変わらない。週刊誌の記事には、例外なく見出しがついている。本も、小説を除けば、まずたいていは見出しを備えている。ただ、新聞や週刊誌ほど、ひんぱんな使い方はしないということだ。要するに、以上の読みものに対しては、見出し読みが有効な働きをする。

小説では、一般に見出しを立てない。「天の巻・地の巻」「第一部・第二部」「花の章・嵐の章」「1・2・3……」といった表現はあるが、これは見出しではない。また、たとえば吉川英治『宮本武蔵』の目次をみると、次のように書かれている。

・地の巻

鈴　毒茸　おとし櫛　花御堂　野の人たち　茨　孫子　縛り笛　千年杉　樹石問答　三日月茶屋　弱い武蔵　光明蔵　花田橋

・水の巻

吉岡染　陽なた・陽かげ　優曇華　坂　河童　春風便　巡りぞ会わん　茶漬　奈良の宿　般若野　この一国　芍薬の使者　四高弟（以下略）

これほど詳しく章を立てていても、その意味合いは見出しと異なる。「毒茸」の章にはたしかに茸採りの場面が描かれているが、それよりもこのタイトルは、後家・お甲が武蔵を誘惑する場面を象徴する。「河童」は、城太郎という少年の風貌を指している。このように、小説のタイトルは象徴的な使われ方をする。見出しの使われ方とは、決定的に違うのである。だから、見出しではない。

そういうわけで、小説に対しては見出し読みはきかない。これは唯一の例外になる。見出し読みは、小説の速読法から除外される。

見出しには、大見出し、中見出し、小見出し、細見出しがある。それらは、記事の重要性、内容の複雑性などに応じて使い分けられる。新聞、週刊誌のトップ記事では、あらゆるタイプの見出しが、これでもかこれでもかと並ぶ。それだけに、その印象は強い。

次は、目次のこと。

新聞には目次はない。小説には目次のあるものとないものとがあるが、やはり目次なしのほうが多いようだ。一方、週刊誌、雑誌、小説以外の本では、必ず最初に目次がつく。この目次が、見出しに準じた働きをみせる。文中の見出しを集めたのが目次、と考えれば、それも当然だろう。

ただし、両者の間には微妙な違いがある。まとめて示せば、左記のとおりになる。

項目	見出し	目次
文章とのつながり	強い・直接的	弱い・間接的
体系性	一つ一つがバラバラ	整理されまとまっている
範囲	大見出し〜小見出し	大見出し・中見出し程度
検索性	なし	あり

つまり、目次は体系性と検索性にすぐれている。目次をみれば、全体の構成がわかる。また、それを索引として用い、ページをたどって必要なところをあけることもできる。こうした点で目次は見出しと同じく文章内容をガイドするものでありながら、見出しと違った使い方ができるのである。

見出しと目次をうまく活用すれば、焦点読み、かたまり読みとは異なる速読が可能になる。要するに、文章全部に目を通すことをやめ、ある部分を見出し、目次で代用する方法である。

見出し読み

見出しと目次は、文章内容をガイドする働きをもつ。この働きを活用し、内容の見当をつけたり、文章の代わりに見出しですませたりするのが、見出し読みの方法である。判断力訓練の基礎コースにもなる。

2. 見出しの効率性・目次の効率性

新聞に見出しが欠かせないのは、その効率性のためである。二十四ページ建ての朝刊に盛られる活字量は、およそ四十万字。これは、下三段の広告欄を除外した十二段分の数字。ところで、字を読む人の標準速度は、一時間に一万八千字だった。もし、新聞を読むのに一日一時間しかさけないとすると（実際はそれだけさけるかどうか）、一日に一万八千字である。すると、どういうことになるか。

四十万字÷一万八千字／日＝約二十二日。つまり、今日の朝刊を全部読み終えるのは、二十二日後だ。明日の朝刊が読めるのは、二十三日目から。このペースでいくと、百日後に発行の新聞が読めるのは、なんと二千二百一日目、六年後ということになる。

すべての記事を読むという仮定はやや現実的でないかもしれないが、いずれにしても、新聞記事の本文だけを読んでいては、毎日の新聞をとてもこなせないことがわかろう。

ここで、見出しがすばらしい働きをする。短い文句で本文を要約し、結論やポイントを教えてくれる。それは、大変な効率化をもたらす。

二十四ページ建ての新聞に出てくる見出しの字数合計は、四千字前後である。本文を含めた全字数が四十万字だから、それに対して百分の一の割合だ。四十万字というのは大変なボリュームだが、四千字なら何でもない。十五分もかからず読める量である。見出しだけを読むなら、短時間で曲がりなりにも全紙面に目を通すことができる。

もちろん、記事によっては、本文をしっかり読まなければならないものがある。だから、現実的なやり方は、まず全体の見出しに目を通し、いくつかの重要記事は本文まで読むということだろう。そしてメチャクチャに忙しいときは、それこそ見出しだけですませてしまうのだ。それでも、ニュースのさわりの部分は頭に入る。何も読まないのに比べれば、雲泥の差だろう。

次は、目次の効率性についてである。

雑誌や本における目次は、新聞における見出しに相当する。もちろん、文中には見出しが立つが、全体をひと通りみるには目次に頼るほかない。新聞の場合、見出しは本文の百分の一ですんだ。では、目次は本文に対してどれぐらいの割合だろうか。

目次をどの程度の詳しさにするかは、編集側の考え方による。したがって、ものによって目次対本文の割合は千差万別だ。そうした中からあえて傾向をつかむと、三〇〇分の一という割合のものが比較的多い。もう一つは、次第に目次が詳しくなる傾向にあるということ。

目次対本文比率の大きさによって、受ける印象は次のとおり異なる。

・三〇〇分の一以上……あっさりした簡単な目次。内容をつかむには抽象的すぎる。

・三〇〇分の一……ごく普通の目次。大きな流れはつかめる。

・二〇〇分の一……ギッシリ字のつまった感じの目次。かなり、内容の見当がつく。

・一〇〇分の一……一部小見出しのレベルまで入った目次。目次自体がおもしろく読める。

目次がだんだん詳しくなってきたのは、こうしたことと無関係ではなかろう。一方で、目次の重要性への認識が、読者側、編集側ともに高まっている。したがって、将来は二〇

○分の一程度の目次が主流になるのではないか。詳しすぎもせず、しかも内容をかなり具体的につかめるからだ。

見出しの場合もそうだが、実際には、目次だけ読んですますわけにはいかない。それは、メチャクチャに忙しいときなど、例外的な場合の方法である。やはり内容を取捨選択し、あるところは目次をみるだけですます、あるところは本文を読む、こうした読み方が望ましい。

３．見出しで読み方を決める

さて、いよいよ核心に入る。

見出し読みでは、見出しで本文の読み方を決める。新聞を考えてみればいい。見出しを見ずに、直ちに本文を読むことは、ほとんど不可能だ。真っ先に目に入るのは、見出しである。その見出しを見て、あとの読み方を決めるのである。

ここで考えられるケースは、次の三つしかない。

①本文は読まない。つまり、見出しだけですます。

②本文は、見出しに関連するところだけ、あるいはその周辺に限って読む。

③本文を全部読む。

この三つのうちどれでいくか、各記事ごとに判断していくことになる。この判断が的確に行えるかどうかが、見出し読みの効率を大きく左右する。最終的には本人の問題だが、判断の目安としていくつかあげておこう。

①見出しだけですます場合

・ゆっくり新聞を読むヒマがないとき。
・結論だけわかればいい記事――巨人が勝ったか負けたか、○○法案が成立か不成立か、など。
・すでに内容を知っている記事――その場にいた人から聞いた、テレビで見た、など。
・知りたいことが見出しでつかめる記事――「昨日の円相場、二一九円」「公定歩合○・七五％引下げ決定」といったケース。
・関心のない分野の記事。
・むずかしくてわからない記事。
・ベタ記事。

・必要がないと判断した記事。
・読む価値がないと判断した記事。

②見出しに関連したところを読む場合

・比較的忙しいとき。
・大筋がわかっていて、欠けた知識だけ補いたい記事。
・知りたい点が見出しに出ていない記事。
・見出しに惹きつけられた記事――ニュース全体でなく、見出しの表現、部分的エピソードへの関心によるもの。
・記事のボリュームがありすぎるとき――「経済白書要旨・解説」など、解説、特集記事。
・内容のポイントだけつかんでおきたい記事。
・苦手な分野の記事を読まねばならないとき。または、読もうとするとき。
・ある数字や固有名詞を記事の中から探したいとき。
・自分が関心のあるところだけ読みたい記事。

・必要性が普通程度と判断した記事。
・読む価値が普通程度と判断した記事。

③本文を全部読む場合

・「コリャすごい」「コリャおもしろい」と思った記事。
・仕事に直接関係する記事——ライバルメーカーの増産計画、自分が設計した製品に関する特許紛争など。
・ライフワーク、長期課題に関する記事。
・必要性が高いと判断した記事。
・読む価値が大きいと判断した記事。
・「どういうことだろう?」と、新たに問題意識を触発された記事。
・各面のトップ記事。
・具体例、方法論、数字情報を豊富に含んだ記事。
・職場や会合で必ず話題になると予想される記事。
・特定テーマ、連載記事、特定コラムなど、精読を習慣化しているもの。

以上の三つの判断は、そのいずれもが必要不可欠である。それらを記事に応じ、場合に応じ使い分けねばならない。いつも見出ししか読まないというのでは、読む深さの点であまりにも貧弱だし、逆に、すべて本文を読もうというのは、前述のとおり、時間的に無理がある。三つのバランスがほどよくとれている状態が、理想だろう。

ともかく、このようにして見出しで、三通りの読み方が決まる。この際、それぞれの読み方において、速読のスタイルが異なる。

①の見出しだけという読み方では、本文を読む時間がゼロになる。当然、これが一番速い。さらに見出しをかたまり読みで読めば、もう少し速くなる。

③の本文を全部読むという読み方では、見出しの字数はタカが知れているから、その成果は本文を読む速さにかかっている。これは、文章を速く読む問題に戻ってしまう。したがって、見出し読み以外の方法を本文に適用してやればいい。

むずかしいのは、②の見出しに関連したところを読む、その読み方である。見出しに関連したところを、いかに探すか。見出しと関連づけて本文を読むには、どうすればよいか。その巧拙によって、読む速さはいかようにも変わってくる。②の速読法こそ、見出し読みの中心問題なのである。これについて、次の項でふれることにする。

4．新聞を読むコツ―見出し読みのノウハウ

見出しに関連させて本文を読むコツはいろいろあるが、ここでは特に重要な五つの方法を紹介する。

第一は、大きな記事の場合しかあてはまらないが、前文だけ読む方法。前文は次頁の図6に示すとおり、本文の前に書かれた文章。導入的な内容のものもあるが、それよりも本文全体を要約した形のものが圧倒的に多い。したがって前文を読めば、手早く全体の概要がつかめ便利である。分量的にも、本文に比べ数分の一から十分の一程度にすぎない。ちょうどその割合だけ、速読が可能になる。

前文の例を三つあげる。見出し、本文をとっ払ってあるが、前文だけでニュースの概要をつかめることがわかるだろう。

――ホンダが稼ぐ力の回復に向け、構造改革に大なたを振るう。生産体制を見直し不採算車種を絞り込むほか、栃木県真岡市の4輪車エンジン部品工場の閉鎖を決めた。並行し

て、国内の自動車会社として初めて世界で販売する全ての新車を２０４０年に電気自動車（ＥＶ）もしくは燃料電池車（ＦＣＶ）に切り替えることを表明。新たなホンダ像の確立に向け、４輪事業の収益力強化と脱炭素化の両立を急ぐ。

――夏のバカンス真っ盛りの欧州に、外国人観光客が戻りつつある。新型コロナウイル

図６　新聞の前文

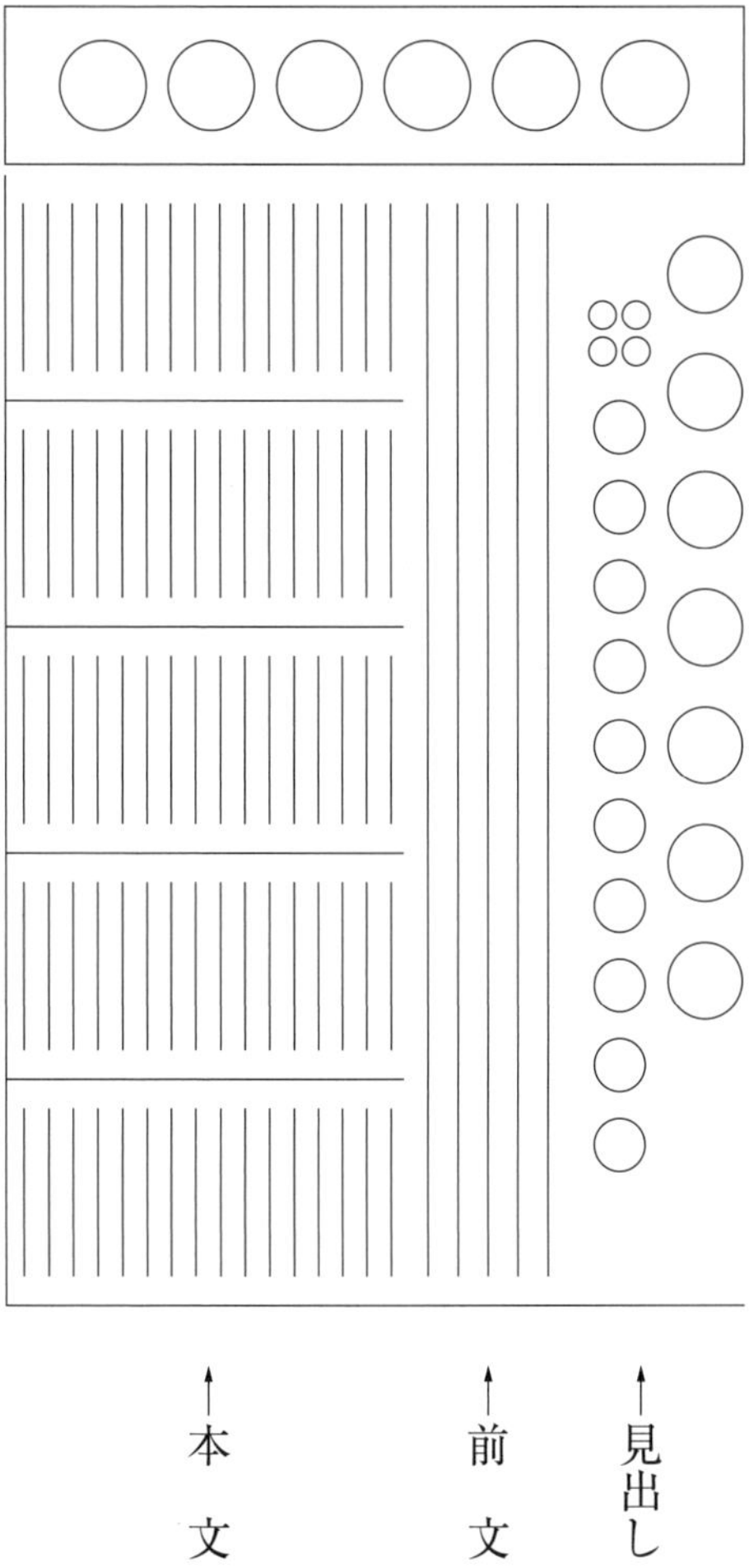

スの感染拡大で昨年は激減したが、今年はワクチン接種の追い風を受ける。特に観光への依存度が高い南欧の各国は、あの手この手の誘致策を打ち出した。「コロナフリー島」が続々と生まれているギリシャを7月末から訪ねた。

――人事院は10日、月給・ボーナスの支給水準の勧告にあわせて、国家公務員の労働環境に関するさまざまな改善策を内閣と国会に報告した。男性公務員がとれる育児休業を原則1回から2回にする法改正が必要との意見も提出。長時間労働を指摘されてきた霞が関に「働き方改革」を促す内容で、民間出身の川本裕子新総裁の姿勢を反映した。

（掲載紙は順に日刊工業新聞21・6・17、朝日新聞21・8・11、同21・8・15）

コツの第二は、本文をブロック単位で読むこと。ブロックとは、「行替えから次の行替えまでのまとまった部分」を指す。図7の上段の記事は二つのブロックから、下段の記事は三ブロックからなる。

さて、一つのブロックには、一つの事柄が述べられていると考えていい。仮にそうでない場合でも、一つの事柄プラスその関連事項というふうに、内容はまとまっているものだ。違うことをいうときには、行を替えて次のブロックで述べるのがキマリになっている。

図7　新聞のブロック

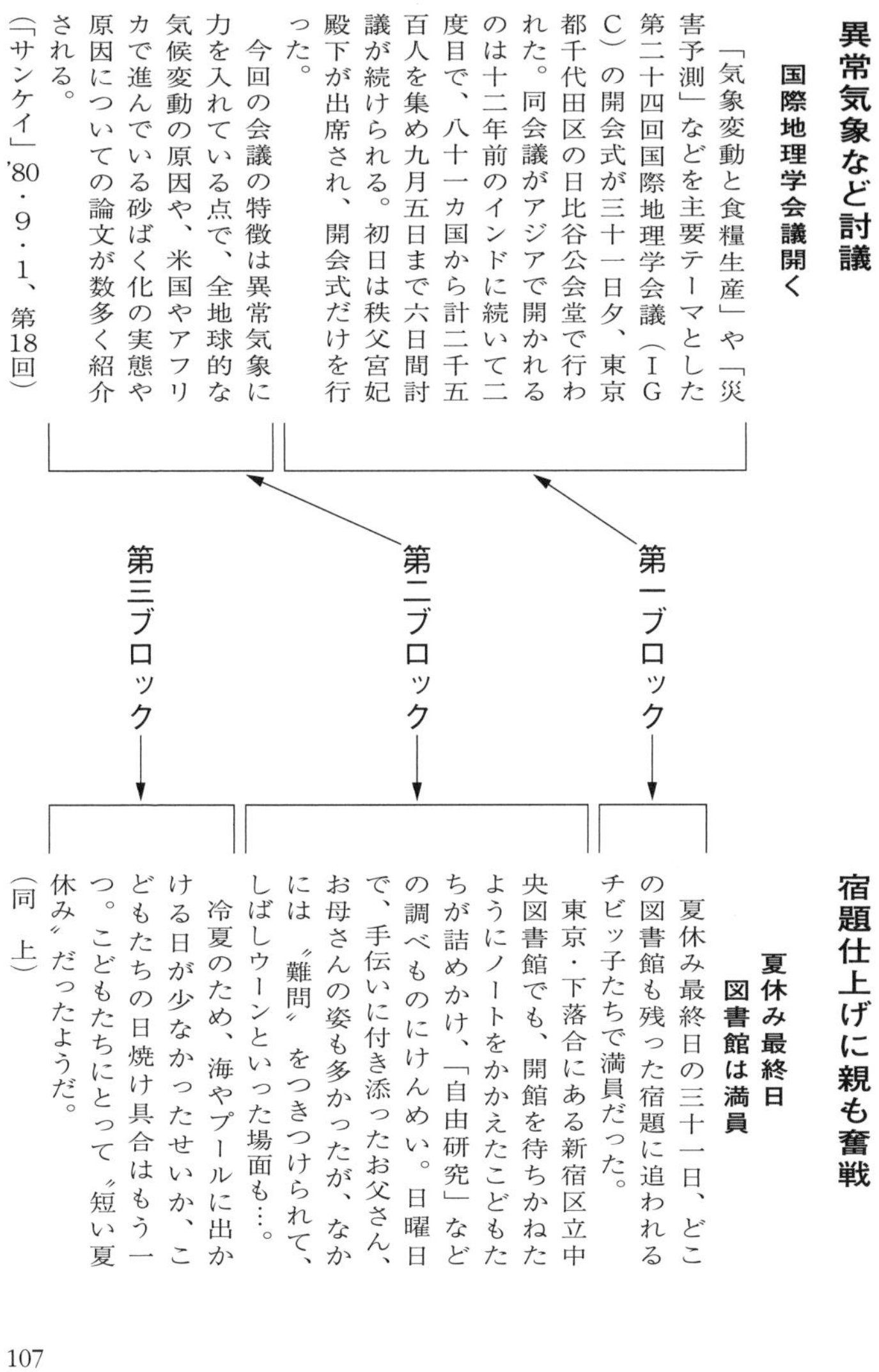

異常気象など討議

国際地理学会議開く

「気象変動と食糧生産」や「災害予測」などを主要テーマとした第二十四回国際地理学会議（ＩＧＣ）の開会式が三十一日夕、東京都千代田区の日比谷公会堂で行われた。同会議がアジアで開かれるのは十二年前のインドに続いて二度目で、八十一カ国から計二千五百人を集め九月五日まで六日間討議が続けられる。初日は秩父宮妃殿下が出席され、開会式だけを行った。

今回の会議の特徴は異常気象に力を入れている点で、全地球的な気候変動の原因や、米国やアフリカで進んでいる砂ばく化の実態や原因についての論文が数多く紹介される。

（「サンケイ」'80・9・1、第18回）

宿題仕上げに親も奮戦

夏休み最終日

図書館は満員

夏休み最終日の三十一日、どこの図書館も残った宿題に追われるチビッ子たちで満員だった。

東京・下落合にある新宿区立中央図書館でも、開館を待ちかねたようにノートをかかえたこどもたちが詰めかけ、「自由研究」などの調べものにけんめい。日曜日で、手伝いに付き添ったお父さん、お母さんの姿も多かったが、なかには〝難問〟をつきつけられて、しばしウーンといった場面も…。

冷夏のため、海やプールに出かける日が少なかったせいか、こどもたちの日焼け具合はもう一つ。こどもたちにとって〝短い夏休み〟だったようだ。

（同　上）

このことを利用しよう。ブロックにサッと目を走らせ、「このブロックは読もう、このブロックはとばそう」とやるのが、うまい読み方になる。もっと正確にいえば、ここはとばそうと判断する必要はほとんどなく、読むべきブロックだけを探していくのがいい。必要なブロックだけを読んでいけば、不要なブロックは自然に読みとばす結果になる。この呼吸は、ちょっとあとの練習問題でつかんでもらうことにする。

第三は、本文の第一ブロック（最初のブロック）だけは、真っ先にしかも必ず読むことである。

よくいわれることだが、新聞の記事は〝逆ピラミッド構造〟で書かれている。重要なことや結論をうしろにもっていくのが、〝ピラミッド構造〟である。新聞はそれとは反対に、重要なことや結論をはじめにもってくる。だから、本文の第一ブロックには、記事のエッセンスが詰まっている。このことを知っておくと、大変重宝する。

新聞を読む順序は、まず最初に見出し。続いて、前文があればそれを読む。その次が第一ブロック、ということになる。あとは、それ以外のブロックをどう効率的に読むかだが、これが次にあげるコツの第四である。

本文を効率的に読む最良の方法は、見出しに出ている言葉を本文中に探し、そのブロックあるいは次のブロックを読むことだ。見出しは、原則として、本文中の言葉を使っているから、間違いなく見出し関連箇所は見つかる。

ほかのことは考えず、ひたすら見出しの言葉を文中に探す。めざす言葉に出会うまでは、どこにも視線をとどめず、とびきり速く移動させる。それが見つかったら、そのブロックか次のブロックを読む。――こういうやり方である。ブロックは、はじめのうちは全部読むようにするが、熟練すれば、その中のポイントだけつかんでおけばいい。

次のブロックを読むのは、キーワードが前のブロックの最後に出てきて、その内容が次のブロックで説明される場合だ。前のブロックが大きすぎる、こと改めて説明したい、などの理由で、こうした体裁をとる記事もちょくちょくある。

さて、ここでは短い題材を使ったが、どんなに長い記事でもやり方は同じだ。むしろ、長い記事になればなるほど、この方法は威力を発揮する。ブロックが二十、三十とあっても、見出しをガイドに二、三のブロックだけ読んですますことができる。見出しの種類も関係なし。大見出し、小見出しだろうと、まったく同じやり方で処理すればよいだろう。

タネ明かしをすれば、本文の中でもっとも重要な言葉が見出しになる。だから、それを引っくり返して本文に戻るのは、理に適っている。見出し関連箇所を見つけそれを読めば、ほとんどの場合、記事のポイントが素早くつかめる。見出し読みは、質の点でも決して低くない速読の方法なのである。

第五のコツは、見出しに関連したところだけ読むのでなく、見出しに触発された疑問の答を探しながら読むことだ。見出しを読んで、「どういうことかな」「なぜだろう」と考えたとする。そうした疑問が氷解するような意味、理由、原因の説明を求めて読むのである。それは効率に加えて、内容の深い理解をも狙っている。

首相「五輪へ選手派遣を」。これは令和三年六月、英国で開催されたG7サミットにおいて、菅首相が参加国首脳に向け呼びかけたメッセージに関する記事の中見出しである。この見出しを見て、私が何よりも知りたがったのは、「首相はどんな言葉で呼びかけたのか」ということだった。それだけ知りたい。そんな気持ちで記事を読んだ。どう読んだか、原文と対照させ、示してみる。

記事原文――首相「五輪へ選手団派遣を」菅義偉首相はG7サミットの会合で、今夏の東京五輪・パラリンピックについて「安全安心の東京大会の開催に向けて、万全な感染対策を講じ、準備を進めていく」としたうえで、「強力な選手団を派遣してほしい」と協力を呼び掛けた。

日本政府によると、菅首相は11日の会合で「世界が新型コロナという大きな困難に直面する今だからこそ、世界が団結し、人類の努力と英知によって難局を乗り越えていけることを日本から世界に発信したい」と五輪開催の意義を強調。首脳の一人が「全員の賛意を代表して成功を確信している」と述べたという。

12日には外交を議題にした会合があり、菅首相は、中国を念頭に日米が進める「自由で開かれたインド太平洋（ＦＯＩＰ）構想」に言及。「Ｇ７各国も具体的な行動を通じて、地域への関与を強化していることを歓迎する」と述べた。北朝鮮の大量破壊兵器やミサイルについては「『完全かつ検証可能で不可逆的な廃棄』という目標を堅持することが必要だ」と訴えた。

この日は、ドイツのメルケル首相とも初めて会談した。

（「朝日」３・６・13、本文全文四百五十六字）

〈私の読んだ文章〉

――「安全安心の東京大会の開催に向けて、万全な感染対策を講じ、準備を進めていく」、

「強力な選手団を派遣してほしい」と協力を呼び掛けた。（全文六十五字）

後者は、前者の6・5分の1。私の知りたいことは原文の2行目、3行目カギ括弧内に書かれていた。それがわかれば、私は満足であり、後は読む必要がない。結局、この記事に関しては、6・5倍の早読みができたことになる。問題意識の重要なこと、かくの如し。技術をみがく一方で、問題意識も大いに鍛えておきたいものだ。

5. 新聞を読む練習問題

ここまで、見出しを活用した読み方について、ひと通り述べてきた。本項では、これらの方法を使って、実際の新聞記事をいくつか速読してみよう。

〔練習問題〕 次の新聞記事を、見出しを利用して速読せよ。

〈問　１〉

有吉さん・夏目さん結婚

　お笑いタレントの有吉弘行さん（46）と、フリーアナウンサーの夏目三久さん（36）が1日に結婚したと、有吉さんの所属事務所が２日、明らかにした。

　２人は連名で「これからも日々を大切にゆっくりですがしっかりと二人で人生を歩んでいきたいと思います」などとコメントを発表した。

　２人は以前、テレビ朝日「マツコ&有吉の怒り新党」で共演していた。

（「日経」'21・４・３（土））

〈問　２〉

「チバニアン」決定 地質時代初の日本名

国際学会

　77万４０００～12万９０００年前（中期更新世）の地質時代を「チバニアン」（千葉時代）と命名することが17日、韓国で開かれた国際地質科学連合の理事会で決まった。千葉県市原市の川沿いの地層「千葉セクション」が、中期更新世と前期更新世の境界を示す代表的な地層として認められた。地球の歴史を１１７に分けた地質時代に、日本の地名が付くのは初めて。

　千葉セクションには、77万年前に地球のＮ極とＳ極が入れ替わった最後の「地磁気逆転」の痕跡が残る。茨城大などのチームは、この地層を時代の境界となる「国際模式地」に認めるよう、２０１７年６月に同連合へ申請していた。17日の理事会では理事の過半数の賛成を得て「チバニアン」が正式に決まった。

（「毎日」'20・１・18）

〈問　3〉

藤井最年少初防衛 棋聖戦3連勝九段昇段も

将棋の藤井聡太棋聖（18）に渡辺明名人（37）が挑戦する第92期棋聖戦五番勝負（産経新聞社主催）の第3局は3日、静岡県沼津市で行われ、藤井が100手で勝ち、3連勝でタイトル初防衛を果たした。18歳11カ月での初防衛は、1991年に屋敷伸之九段が達成した最年少記録（19歳0カ月）を抜き、史上最年少となる。また、昨年獲得した王位と合わせタイトル通算3期となり、九段に昇段。05年に渡辺が記録した最年少九段昇段（21歳7カ月）も更新した。九段は段位の最高位。以下略

（「毎日」'21・7・4）

〈問　4〉

非常任理事国が決定 国連 ブラジルなど5カ国

国連総会（193カ国）は11日、安全保障理事会の非常任理事国として、ガボン、ガーナ、アラブ首長国連邦（UAE）、ブラジル、アルバニアの5カ国を選んだ。任期は来年1月から2年間。

安保理は米国、英国、フランス、ロシア、中国の常任理事国を除く10カ国を非常任理事国が占め、地域ごとに配分枠がある。そのうち半数が毎年改選され、今回は計5枠に対し、立候補は5カ国のみだった。

ブラジルは日本と並んで最多となる11回目の選出。ガボンとガーナはともに4回目、UAEは2回目で、アルバニアは初選出となった。日本は前回、2016～17年に非常任理事国を務めた。次回は23～24年の任期を目指しており、今後、来年6月の選出に向けて選挙活動を本格化させる。（ニューヨーク＝藤原学思）

（「朝日」'21・6・13）

問1の解答

「お笑いタレントの有吉弘行さん…とフリーアナウンサーの夏目三久さん…が1日に結婚したと、有吉さんの所属事務所が2日、明らかにした。」

問2の解答

「77万4000〜12万9000年前（中期更新世）の地質時代を『チバニアン』（千葉時代）と命名することが17日、韓国で開かれた国際地質科学連合の理事会で決まった」。これで十分だが、「(千葉の）どこ?」を加味して、「市原市の川沿い…」まで読んでおくと、速読の内容が深くなる。

問3の解答

「将棋の藤井聡太棋聖に渡辺明名人が挑戦する棋聖戦…藤井がタイトル初防衛。また九段に昇段。最年少九段昇段も更新した」。

問4の解答

「国連総会は11日、安全保障理事会の非常任理事国として、ガボン、ガーナ、アラブ首長国連邦、ブラジル、アルバニアの5カ国を選んだ。任期は来年1月から2年間」。「アルバニアは初選出」まで読んでもいい。

6. 目次で全体をつかむ

本の探し方について、ある出版社の管理職からこんな話を聞いた。編集者というのは、本づくりのプロであるだけでなく、本読みの達人であることも多い。そのいうところは、読者にとってても参考になる点があるのではないか。

「本のタイトルも、そりゃ大事ですヨ。でも私はネ、目次を一番注意してみるんです。目次をみれば、いい本かどうかだいたいわかってしまいますネ。構成とか、内容の展開のし方とか、どんなことが書かれていそうかとか……。特に目次にあがっている見出しの言葉でしょうネ。いい本では、読みたいなという気にさせる見出しが、並んでいますヨ。こういう本を、私は買うんです」

シャープなセンスである。このセンスは、速読に通じる。一般に読むのが上手な人は、例外なく目次を有効に活用している。目次の重宝さを、十分に認識しているからだろう。

目次は、本を探すのに活用できるだけではない。目次の活用範囲はなかなか広い。ここでは、目次の活用法のうち、速読に関するものをとりあげてみたい。

まずおすすめしたいのは、全体の傾向を目次でつかむことだ。これは、目次によってしかできないことである。目次を全部読むと、その本あるいは雑誌の構成、内容のラインアップがつかめる。「ああ、こういう本なんだな」ということがわかる。

その全体印象がいいと、読む気になる。「ピンとこないなあ」「つまらないな」と感じれば、読まない。このように、全体の傾向をつかんでいいと思ったものだけを読むことが、速読では大切なことだ。限られた時間をムダなものを読むのにとられていては、速読する以前にその時間がなくなってしまう。このことは、直接速読に結びつくわけではないが、その前提条件として重要である。

全体把握は、一方で速読にも直結する。次は、ボールディング『科学としての経済学』（清水訳、日本経済新聞社）の目次だ。

私は、この本の学際的アプローチに興味を覚えて買い求めたが、最初読んだのは2と3と6だけだった。あとの章は特に目新しくない、読む必要はない、と判断した。その後、必要性があって、今度は全部読んだが、最初の読み方はあれでよかったと思っている。

2、3、6だけ読むと、ページ数で全体のちょうど半分である。一冊の本が二倍の速さで読めたと同じ理屈になる。目次を見て必要がないと判断したところは、読まない。これは、使い途の広い目次活用法だ。

余談になるが、私は〝目次カード〟というのをつくっている。図書館でおもしろい本を見つけたが、今日は読むヒマがない。こういうときに、書名と目次をカードに記入しておくのだ。フレームがつかめるし、書名だけ覚えている場合と違って、何かのときに、「このことはあの本に出ていそうだな」と見当がつく。

また、いちいち何冊も原本をもって歩くわけにはいかないことがある。このとき、目次カードを携えておく。たとえば、あるカードにはこう記されている。

野田信夫『経営学』（ダイヤモンド社）目次――。①経営学の目的、②企業の存立要件、③企業の支配、④組織、⑤利益、⑥業務活動、⑦従業者の幸福、⑧企業の社会的責任

たったこれだけのことで、ずいぶん違う。目次が手がかりになって、内容を思い出しやすい。

7．娯楽性・有用性・新奇性

次に、内容の部分部分に着目した活用法がある。

白紙の状態で本や雑誌に向かうとき、私たちは目次に頼るが、**ここで①娯楽性、②有用性、③新奇性、の三つの尺度を用いるとうまい読み方ができる。**手元に今や稀覯本扱いの経営誌『中央公論・経営問題秋季号』があるので、この目次を例にして説明していこう。

〈中央公論・経営問題秋季号　目次〉

忙中閑語

会議と食事／有吉義弥
落選もまた楽し／邱永漢
中国のテレビドラマ／志賀信夫
年々歳々／富士正晴

焦点の人物
渡辺美智雄　大蔵大臣（以下当時）
豊田英二　トヨタ自動車工業社長
ロナルド・リーガン　米共和党大統領候補
江副浩正　日本リクルートセンター社長

①武と文／梅棹忠夫
働く女性のプライスメカニズム／竹内宏
特集日本の防衛―その経済的側面
③〝実験国家〟日本の選択／飯田経夫
エネルギー確保への道／桃井真
防衛力増強の問題点（座談会）／日向・佐伯・田久保

（中略）

ダイエーの膨張戦略

吉野家崩壊の軌跡／山本祐輔

誤解から理解へ—ヨーロッパVS日本（対談）／木村・ウィルキンソン

香港経済界をゆるがした七日間／中島崇行

日本式労務管理は世界に通用するか（座談会）／深田・島倉他

②半導体の名門企業フェアチャイルドはなぜ買収されたか

（以下略）

購入当時は大変多忙でゆっくり読むひまがない。そこで、読むものを先の基準に従い三つだけにしぼった。目次の上に番号をふった記事である。この三つを、バスの中の五分と仕事の片手間の十分、計十五分で読み終わった。もちろん、速読の方法を使っている。

さて、①**娯楽性は「おもしろそうかどうか」ということだ**。私は目次を見て、真っ先に梅棹氏のものを選んだ。稀代の文化人類学者が、経営に関してもの申す。おもしろくないはずがなかろう、という判断である。タイトルが、私好みのものであることもきいている。

何がおもしろいかは人それぞれに異なるが、大きくはテーマ、執筆者、座談会ならその顔ぶれなどから判断すればよい。

②の有用性とは、「役に立ちそうかどうか」「新しい知識を提供してくれるかどうか」ということだ。「フェアチャイルド……」は、技術先端産業における経営戦略を扱っている、と私は判断した。それは、目次の中で抜群に私の知的関心を誘った。

有用性基準は知的なアンテナである。新しい理論、技術、技法、データを含むものは、一般にこの基準を満足する。具体的に何を選ぶかは、一律に論じえない。人間心理に関心をもつ人は、〝モラトリアム人間〟〝シゾイド人間〟といった考え方を知りたがるだろう。発想法に興味をもつ人は、ＫＪ法、ＮＭ法という言葉に惹かれるだろう。各人の知的関心のありかによって、選ぶものが決まるのである。

③の新奇性は、「いったい何のことだろう」「どういうことだろう」といった点に関する。素朴な疑問、純粋な好奇心と呼ばれるものが、これに近い。私が『中央公論』の目次を見て、「〝実験国家〟って何のことだろう」と興味をもったのは、この好奇心による。決して深いものではないが、旺盛なヤジ馬精神に富んでいて、視野を広げてくれるキッカケになるものだ。

たとえば、渡辺茂『認識と情報』（ＮＨＫ情報科学講座⑥）の目次を読むと、〝ラントロール〟という耳慣れない言葉が出ている。「へんてこな言葉だな。どんな意味だろう」。そういう興味で、ページを開けてみる。これが、好奇心を使った読み方である。因みに、ラントロールとはラーニング・コントロール、つまり「学習制御を行なう系」という意味だそうである。

娯楽性、有用性、新奇性の三つの基準を適用すれば、目次の中から読むべきところをしぼりこむのはたやすいことだ。週刊誌でも厚い雑誌でも、この方法を使えば簡単にこなせる。ちょっとひねった速読法といえよう。

8．ニーズに徹した目次利用

今度は、白紙の状態でなく、何らかの目的をもって目次を読む場合を考える。

まず、ベストセラーや職場で話題になっている本の読み方である。これらの本を受身になってなんとなく全部読んでしまうのは、感心しない。流行はどんどん変わるから、これにいちいちつき合っていては、本に追われて一生が終わる。これでは、少々さびしい。

では、どうすればよいか。私がおすすめするのは、自分なりの受けとめ方で、さわりだけ読む方法である。このとき、目次が大変役に立つ。

例をあげよう。かつてベストセラーになったヴォーゲル『ジャパン・アズ・ナンバーワン』（ＴＢＳブリタニカ）である。目次を開けると、次のとおりである。

第一章　アメリカの「鏡」

日本を無視することの損失／最良の「鏡」となる理由

第二章　日本の奇跡

日本に何が起こったのか／優れた技術と高い生産性／アメリカ製品の競争力の弱化／国際貿易市場も制した日本／日本の驚異的発展／犯罪率・就学率からの分析／好奇心の衰えぬ日本人／「よく働きよく学ぶ」民族

第三章　知識——集団としての知識追求

1　グループ学習

2　基礎的学習

3　情報の管理者としての官僚

4　シンク・タンク

◎5　企業の情報収集戦略

6　地域社会での情報収集

7　コンセンサスのための知識

第四章　政府

（中略）

第五章　政治

1　集団としての団結力

2　総合利益の追求

◎3　フェア・シェア

4　過去と現在の脅威

第六章　大企業

（中略）

第七章　教育

（中略）

第八章　福祉

（中略）

第九章　防犯

（中略）

第十章　教訓――西洋は東洋から何を学ぶべきか

1　不十分な対応のもつマイナス面

◎**2　新しい基本モデル**

3　コストと危険

◎**4　成功後、日本のモデルは生き残りうるか**

◎**5　制度の創造と導入**

私の第一印象はこうである。「ああ、これは10分で読む本だな」。千三百円を投じた本だが、結果は案の定、10分で読み終わった。

タネ明かしをしよう。目次を見て、私は◎印のところだけ読めばいい、と判断したのだ。それ以外のところは、ほとんど読まなくてもわかる。「文脈読み」の章でふれるが、日本人には日本人の文脈がある。その土に私個人がもっている文脈を加重させれば、そこに何が書いてあるかの見当がつくのだ。

第二は、知的関心や好奇心の対象が、白紙の状態に比べて明確化している場合である。「農産物の流通径路を知りたい」「ライバル会社の組織機構はどうなってるんだろう」などなど。背後に、流通経費を節減したいとか、組織戦略で他社に差をつけたい、といったニーズが存在する。

ビジネスマンは、こうしたニーズから本や雑誌に向かうことが多い。この場合、目次を使ってどう読むのが適切だろうか。

よい方法は、「目次を索引代わりに使うこと」である。それらしき本が見つかったら、片っぱしから目次を見る。そして、〝流通経路〟〝○×産業〟というライバル会社名などをキー・ワードにして目次で引く。該当ページにあたり、期待外れなら、次の本の目次を引く。――こういう要領だ。

こうやってしぼっていくと、まずたいていは、目的を達することができる。効率第一主義に徹するなら、該当箇所だけ、あるいはせいぜいその周辺に限って読む。第一章から最終章まで読む必要はないのである。

ともかく、目次の用途は予想以上に広い。この目次の働きを活かしたアイディアが生まれてくるのも、不思議はない。

『出版ニュース』という旬刊の出版総合誌があった。残念ながら先般休刊になったが、この薄手の本には、なんと「新刊目次紹介」なるコーナーが設けられていた。何冊かの新刊本の目次をただ羅列しただけのものだが、発想としておもしろい。存外、実物を読む気にさせ、本屋まで行かせ、その本を買わせる効果がある。目次とは寡黙なものだが、同コーナーの目次群に対面していると、何か訴えてくるものがあるのもまたたしかである。

9. 効果＝平均二倍だが…

以上、見出しと目次を含めた〝見出し読み〟について、その方法を述べた。その骨子はすでにおわかりのとおり、本文に一方的に引きずられることなく、見出し、目次でコントロールする点にある。

もちろん、見出し・目次だけ読んでいればいいということではない。必要なところは、やはり本文を読まねばならないのである。見出しの本文に対する効率は百倍、目次は同じく三百倍である。だからといって、その効率がそのまま見出し読みの効率であるかといえ

a …… 記事1単位を標準速度で読むときの所要時間
b …… 記事1単位を見出し読みで読むときの所要時間
n …… 記事の数
とする

（見出しの場合 → a：b = 100：1
目　次の場合 → a：b = 300：1）

	記事の数あたり所要時間	
	標準速度	見出し読み
n個全部を標準速度で読む場合	n a	0・b
（n − 1）個標準速度、1個見出し読み	（n − 1）a	1・b
（n − 2）個標準速度、2個見出し読み	（n − 2）a	2・b
（n − 3）個標準速度、3個見出し読み	（n − 3）a	3・b
……	……	……
2個標準速度、（n − 2）個見出し読み	2・a	（n − 2）b
1個標準速度、（n − 1）個見出し読み	1・a	（n − 1）b
0個標準速度、n個見出し読み	0・a	n b
Σ	$\frac{n(n+1)}{2}a$	$\frac{n(n+1)}{2}b$

$$平均所要時間 = \frac{1}{n+1}\left(\frac{n(n+1)}{2}a + \frac{n(n+1)}{2}b\right)$$

$$= \frac{n}{2}(a + b)$$

ここで　$a \gg b$　　ゆえに　$\fallingdotseq n \cdot \frac{a}{2}$

ば、そうではない。

見出し（目次）だけですませるものがある。反対に、本文を全部読むケースがある。その間には、さまざまな比率の両者の組み合わせがある。これらを平均したものが、見出し読みの真の効果だ。

この値は実測困難だが、理論計算はできる。結果からいえば、見出し読みの速さは、標準速度に比べて二倍ということになる。前頁に数式を示しておく。興味のある方はご覧いただきたい。

平均をとるから二倍になったが、個々の場面でみれば、百倍、三百倍速いことがあるのはたしかである。瞬間最大風速と平均風速との違いだ。この点をお間違いのないように願いたい。

第二部

中川流速読の技術〈上級篇〉

第Ⅳ章　文脈読みの方法

1．文脈読みとは？

まず、〝文脈〟という言葉の意味を説明する。文脈とは、「表面に現われない意味のつながり」のことだ。次の会話をみていただこう。

A「あの件はどうなってますか？」
B「ああ、あれね。大丈夫です。うまくいきますよ」
A「そりゃどうも。じゃあ、そろそろ準備のほうを」
B「いや、ちょっと待ってください。今月いっぱいにカタをつけますから、それからにしましょうや」

「あの件」「あれ」の内容については、二人とも先刻ご承知。こんなあいまいな形で用談がすむのも、文脈のおかげだ。過去にA—B間でつくられた、意味の層である文脈を下敷きにして、会話がなめらかにすべっていくのがよくわかる。

図8は、文脈のイメージを示している。文脈はその深さにおいて、いくつかのレベルがある。たとえば、推理小説ではいろいろな伏線がはられている。その伏線にも、比較的あっさりソコの割れるものと、最後まで念入りに真相の隠されているものとがある。後者は、より深層に位置する文脈といえる。

図8　文脈のイメージ

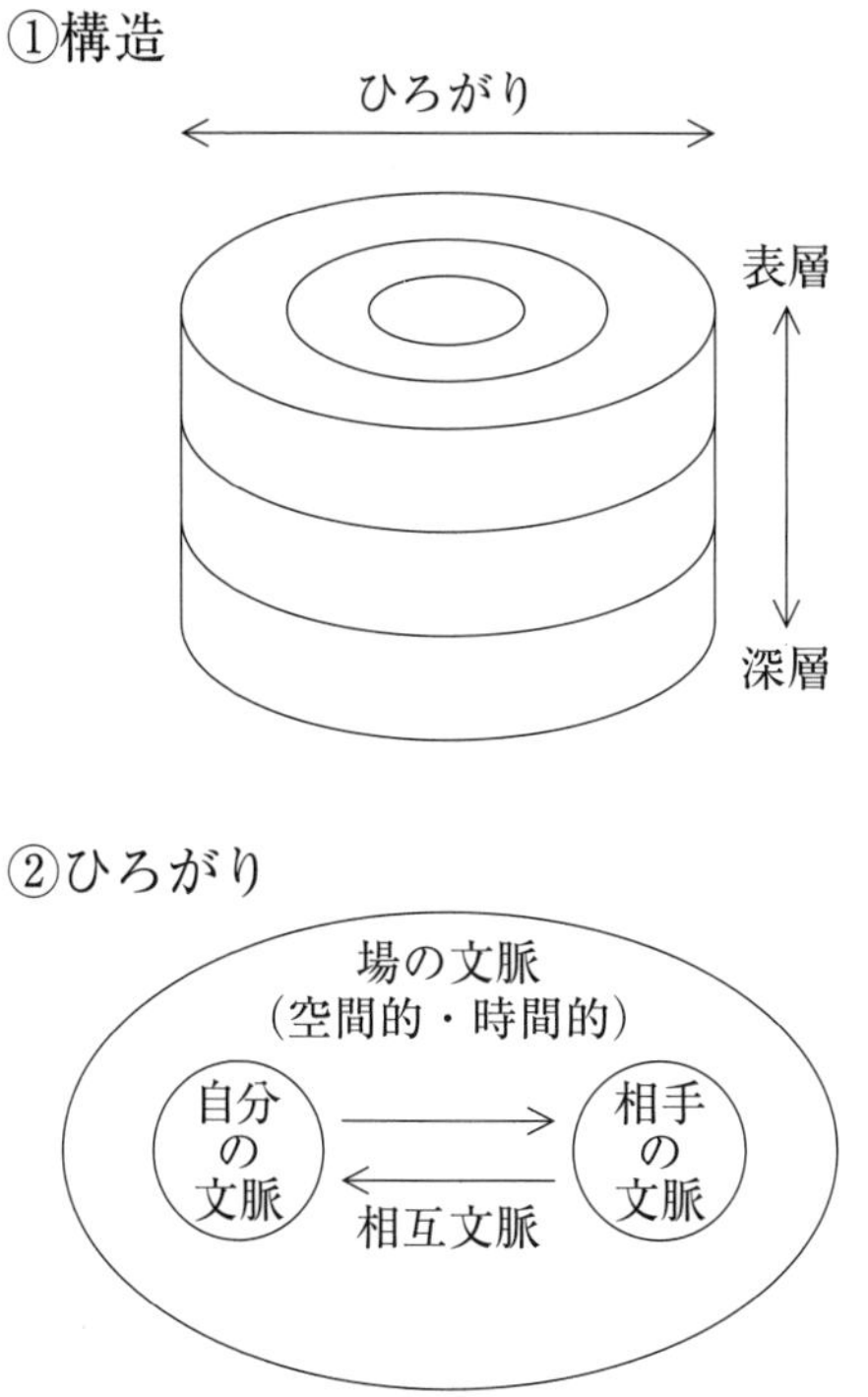

もうひとつ例を出せば、「もののあはれ」という言葉の意味は、日本人にしかわからないところがある。日本特有の自然に、宮廷貴族の感傷主義、仏教思想が結びついて、「もののあはれ」な

る情趣が形成されていった。それは民族的歴史的文脈をもち、それゆえに、大変深い潜在的意味をもっているのである。

文脈は、深さのほかにひろがりをも有する。そこでは、自分の文脈、相手の文脈、両者の間でつくられ通用する文脈、それらを含む場の文脈、を考えることができる。「オイ、例の話はどうなった?」。この問いに、とんちんかんな返事の返ってくることがある。自分の文脈と、相手の文脈とがずれているケースだ。こうしたときに、文脈の重要性が理解される。

さて、文脈読みとは、この文脈の働きを最大限に活かした読み方である。文脈のひろがりを考慮し、次の四つの方法を使う。

(1)自分の既得知識、体験を下敷きにして、効率的に読む。

(2)この場合、相手は人ではなく読みものである。相手の立場、方法論、論旨を速く正確につかめばつかむほど、速読は容易になる。

(3)読み手と読みものとの間にも、一種の対話関係、交流関係が発生する。これも、読む速さに大きな影響を及ぼす。

(4)何のためにその本を読んでいるか、自分はどういう状況におかれているか。こうした場の文脈を踏まえて、読み方を工夫する。

文脈読み

文章には、必ず文脈がある。読み手にもまた、読み手固有の文脈がある。こうした文脈のひろがりを活かして、速読するのが文脈読みの方法である。

それぞれの文脈をうまく組み合わせると、すごい効果が出る。以下、詳しくその方法を説明していこう。

２．文脈に強くなる基礎練習

文脈読みをするには、文脈をつかむ力がなければならない。文脈をつかむ力がすぐれていればいるほど、鮮やかな速読ができる。

この能力は、判断力、推理力、応用力などからなる。一般的能力としての判断力、推理力などではなく、文章を読むことに限ってのものだ。ともかく、こうした思考力を要する点で、文脈読みは速読の基礎技術とは質を異にする。速読の応用技術なのである。

さて、それでは今から、文脈に強くなるための基礎練習をしよう。

ウォーミング・アップ代わりに、四つの文脈の例をみていただこう。四題いずれも、何か隠れているものがある。それを発見しようというのだ。

〔文脈の例〕

①
②
③
④

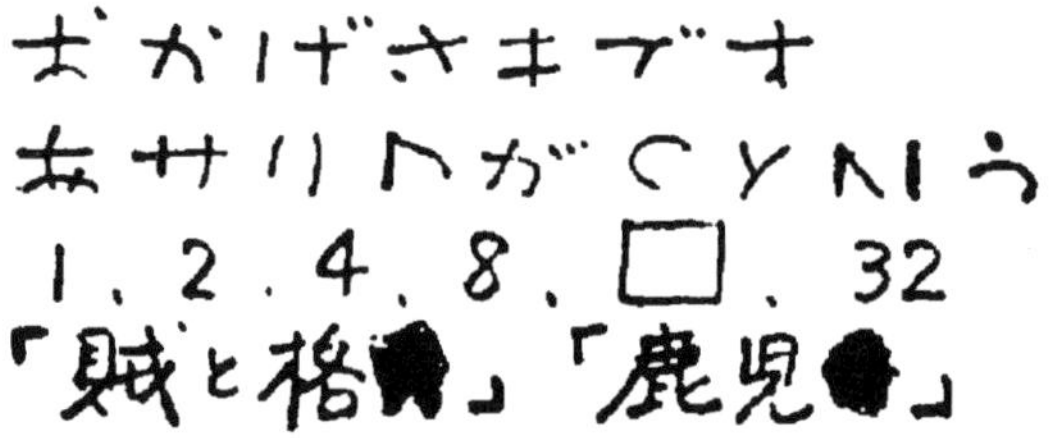

①は、下半分隠れている言葉を、正しく読む問題。誰もが簡単に、「おかげさまです」と読めただろう。ところが、これが読めたということは、実は大変なことなのである。

上半分見えているこれら記号の一つ一つは、決して〝お〟でも〝か〟でも〝げ〟でもない。〝お〟みたいな記号、〝か〟みたいな記号にすぎない。にもかかわらず、かなりの自信をもって「おかげさまです」と読めるのは、推理の結果である。

半欠けの文字群の背後に、何か全体的な意味がありそうだ。「おかげさまです」という意味が、見えつ隠れつしている。その背後の意味が、半欠け記号を〝お〟と読ませ、〝か〟と読ませる。「おかげさまです」と読ませたのは、まさに文脈の力なのである。

②は、ちょっと読みとりにくくなる。「ありがとう」が隠れているのだが、間にジャマが入っている。ヒラガナ以外の無関係な記号が、文脈を攪乱する。それでも結局は文脈がものをいって、最後には正解に達するだろう。

③は、数列の問題だ。各項は前項の二倍になっている、という意味が発見できれば、解決する。答は十六。数学的文脈も、文脈としての働きに変わりはない。

④の言葉は、最後がインクの汚れで見えない。しかし、隠れている文字を見つけるのはむずかしくない。私はよくこの問題を使うが、まず全員が正解を出す。「賊と格闘」「鹿児島」が、もちろん答である。

〝賊〟に関係し、〝格〟に続く字は、と考えれば、どうしたって答は〝闘〟でなければならない。〝鹿児〟とくれば、反射的に〝島〟が思い浮かぶ。この連想には根拠がある。辞書で調べても、〝鹿児〟の次は〝島〟しかないからだ。

ウォーミング・アップはこれぐらいにして、基礎練習に入る。文脈読みは文章を速く読む方法だが、そのためにはまず文章の構成単位それぞれについて、文脈をつかむ必要がある。その観点から、以下、〈主語〉〈述語〉に分けて例題を出していく。そのあとで、熟語を含んだ簡単な文章、つまり成句をとりあげたい。

〔主語に関する例題〕 隠されている主語を発見せよ

①トンネルを越えると□海だった

②「□暑いね」

③□就業中の飲酒を禁止する——就業規則

④「あの近道を通るとたしかに早いけど、しょっ中ガケ崩れがあるぞ。□危険だね」

⑤和子さんと一郎君がしゃべっている。□「オレ、今ゲルピンだよ」

⑥「おまえ、テニス始めたの」「ウン、□おもしろいゾ」

⑦「あの店はうるさくてうるさくて、話もできないんだ。□二度とゴメンだね」

⑧白い□が空から降ってきた

⑨□は、アラスカをロシアから買い取った

⑩□は鎌倉幕府を開いた

〔解　答〕

①そこは（周囲は、外は）、②今日は（天候が）、③会社は、④近道を通ることは、⑤一郎君、⑥テニスは、⑦ボクは（オレは）、⑧雪（もの）、⑨アメリカ、⑩源頼朝

①は漠然とした状況を指している。この種の主語は普通、省略される。③⑥⑦のように、わかりきった主語も省略される。⑤は、言葉の調子から当然、主語は男性である一郎君とわかる。女性言葉が使ってあったら、その話し手は和子さんということになる。⑧⑨⑩は、全体の意味、歴史の知識をもとに主語がつかめる。

〔述語に関する例題〕　隠されている述語を発見せよ

①写真を□

②風呂に□

③ピアノを□

④爪を□

⑤電車に□

⑥電車から□

⑦「海と山とどっちが好き?」「海□」
⑧「この本を破ったのはおまえだろう」「ウン、オレ□」
⑨「夏休みはどこへ□?」「どこにも□」
⑩「オイ、マッチ□」「ハイ、ただ今□」

〔解　答〕

①とる（うつす）、②入る（入った）、③弾く（鳴らす）、④あげる、⑤乗る、⑥降りる、⑦（が）好きです、⑧（が）破った、⑨行きますか（行きましたか）、行きません（行きませんでした）、⑩（を）もってきて、おもちします（もってまいります）

前の言葉やその場の状況で、隠れた述語が容易につかめるのである。もっとも、この解答が唯一のものとはいわない。（ピアノを）運ぶとか、（電車に）ひかれるといった場合もあろう。最終的には、前後の事情で決まることになる。ともかく大切なのは、私たちがすでに多くの文脈を財産としてもっている、ということだ。そのおかげで、わずかな手がかりからさえ、隠れた言葉を推理できるのである。

〔熟語・成句に関する例題〕

□ に入る適当な語をＡ、Ｂ群から一つずつ選び、
成句を完成させよ

① 痛くもない □ を □
② うしろ □ を □
③ 雨 □ が □
④ 尊 □ を □
⑤ へらず □ を □
⑥ 柳 □ を □
⑦ 寝 □ を □
⑧ 話の □ を □
⑨ 五本の □ に □
⑩ 遺 □ を □
⑪ 出 □ を □
⑫ 人 □ を □
⑬ 小 □ に □
⑭ 後 □ を □
⑮ 二枚 □ を □
⑯ 手 □ を □
⑰ 白い □ を □

Ａ群（名詞）	Ｂ群（述語）
腰	折る
歯	使い分ける
目	さかだてる
脚	さける
口	みせる
舌	はさむ
手	速い
指	ひく
髪	さぐられる
顔	拝する
耳	たたく
腹	ふるう
首	ひかれる
骨	かく
腕	くじく
眉	拾う
鼻	入る

〔解答〕

① 痛くもない 腹 を さぐられる

② うしろ 髪 を ひかれる

③ 雨 脚 が 速い

④ 尊 顔 を 拝する

⑤ へらず 口 を たたく

⑥ 柳 眉 を さかだてる

⑦ 寝 首 を かく

⑧ 話の 腰 を 折る

⑨ 五本の 指 に 入る

⑩ 遺 骨 を 拾う

⑪ 出 鼻 を くじく

⑫ 人 目 を さける

⑬ 小 耳 に はさむ

⑭ 後 手 を ひく

⑮ 二枚 舌 を 使い分ける

⑯ 手 腕 を ふるう

⑰ 白い 歯 を みせる

以上は、熟語・成句に関するもの。熟語・成句においては、それらを構成する言葉が相互にしっかり結びついて、堅固な文脈を形成している。また、成句は主語こそないが、簡単な文章の形式をもつ。したがって、成句は文章一般に対する文脈把握力を身につけるための、かっこうの予備練習材料になる。

3．文脈に強くなる応用練習

前項で、文章の要素から簡単な成句まで文脈の基礎的側面をみてきた。もちろん、それだけでは実際の文章を読むのに不十分である。そこで本項では、対象を文章一般にひろげて、文脈をつかむ練習をする（すべて仮説例）。

〔例題１〕 次の文章は何を述べているか、一語で要約しなさい

①「石油危機のせいで、紙も砂糖も高くなるぞ」――こういう噂が、アッという間に広がった。多くの主婦は、あわてて店に買いに走った。トイレット・ペーパー、砂糖を求める客が殺到し、奪い合うように買っていく。値段は高騰する一方だった。ある店では、ケガ人騒ぎまで起きた。「今度は灯油が上がるぞ」。人々は不安そうにささやきあった。

②彼は見上げるような長身だった。一九〇センチはありそうだ。その長身を折り曲げるようにしてあいさつする。白いポロシャツの上に、淡いブルーのスーツを無造作に着こなしている。ブルーの色は、細身の体をなおいっそう細く見せた。顔のつくりは案外小さい。大男特有の気の弱そうなやさしい目が、おずおずとこちらを見ている。

③商品Aは単価千円、売上個数が五百個だから売上高は五十万円。Bは単価七百円、個数が六百個で四十二万円。同じくCは千二百円の四百個で、四十八万円。Dは、千円の三百個で三十万円、Eは、千五百円、二百個、三十万円。以上の合計は、売上個数二千個、売上高二百万円となる。

〔解　答〕

①―（石油）パニック、②―（彼の）外観、③―販売実態。

「要するに、こういうことが書いてあるんだな」と要約する力である。抽象化能力といってもよい。これが文脈読みには不可欠とされる。最初の一行を読んで、「パニックのことが書いてあるんだな」と要約できたとする。要約できたということは、全体の文脈をつかめたというに等しい。だから、あとの数行は読む必要がない。細部の見当がつくからだ。このように要約する力があれば、速読ができるのである。

〔例題2〕 次の文章はどこまで読めばよいか、考えよ

①鈴木太郎氏は、九月一日付をもって○○会社の五代目社長に就任した。余談になるが、

彼の妻は、元伯爵××氏の二女である。

②彼は目を丸くした。月給百円という破格の条件だった。ちなみに、当時は家賃が五円、新築の一戸建て住宅でも千円で買えた。

③日本経済は今後、年平均五％前後の成長率で推移すると予想される。この水準は、高度成長期に比べると大変低い。しかし、いいかえれば、従来が異常に高すぎたといえる。

④アメリカでは、文明の退廃を思わせるいくつかの徴候がみられる。例をあげれば、㋑工場労働者のモラール低下、㋺精神分析医の大繁盛、㋩変質者による大量殺人、㋥レイプの多発、などである。

〔解　答〕

①「……就任した」まで。②「……条件だった」まで。③「……大変低い」まで。④「……モラール低下」まで。

この四題は、重要な文章とそれほどでもない文章を、見分ける練習である。「余談になるが」「ちなみに」「いいかえれば」に続く文章は、補足的、つけたし的なものが多い。読まなくても大勢に影響はない。この種の言葉は、ほかにもいろいろある。いくつかあげておこう。

参考までにいえば、補足すると、なお、脇道にそれるが、閑話休題、ついでにいえば、つまり、すなわち、附言すると、わかりやすくいえば、これに関連して、など。

④は、具体例を列挙した文章である。こういう文章を速く読むには、例を最初の一つ二つだけ読むのがいい。具体例を一つも読まないのはまずい。文章の理解が抽象的な、漠然としたものになる。

〔例題3〕 空欄の中にあてはまる文章を推理せよ

①急に雨が降ってきたので、彼はあわててカバンを開けた。しかし、［　　　　　］。

②少年は、ほかの選手に比べて体にも恵まれていなかったし、それほどの素質もなかった。人と同じように練習していては脱落する。だから、［　　　　　］。

③石油価格は、長い目でみればまだまだ上がると予想される。なぜなら、［　　　　　］。

④彼は風邪気味で会社を休みたかったが、［　　　　　］。

⑤二年後、収支はようやくトントンになった。それから、［　　　　　］。

〔解　答〕 次にあげる解答例に準じた内容であれば、正解。

①どうしたことか、傘は入っていなかった。②（少年は）人の二倍以上練習した。③石油資源は、確実に稀少化していくからだ。④どうしても出なくてはならない事情があった。⑤業績は黒字基調に転じた。

文脈をつかむには、接続詞、接続助詞が有力な手がかりになる。たとえば、「しかし」という接続詞がくれば、それまでの内容を否定する言葉が続くだろう、と推定できる。接続助詞の「が」も同様だ。「だから」「ので」のあとには、順接関係、因果関係の言葉が間違いなくくる。「なぜなら」が出てきたら、以下理由が述べられるだろう、と予想がつく。こういうわけで、接線詞、接続助詞をみてそれ以後の内容が推理できれば、最後まで読む必要はなくなるのである。

〔例題4〕 次の目次から、各章に書かれていることを推理してみよ。

〈わが国電気産業の現状と課題〉
第一章　電気産業発展史
第二章　高度成長から安定成長へ

第三章　電気産業の構造
第四章　技術革新の動向
第五章　エレクトロニクス革命
第六章　国際競争の激化
第七章　電気産業の課題と対応

こういった問題を考えることは、絶好の推理力訓練になる。解答は示さないが、大いに推理をたくましくしてもらいたいと思う。

4．文脈読みの二大ルール

文脈読みに際して、二つのルールがある。この二つのルールだけは、絶対に守っていただかなければならない。それこそ、読むことにおいて、速読の基礎技術をはるかにしのぐ快速をもたらすものだからだ。

《文脈読みの第一ルール》文章の意味がわかった！　と思ったら、そのあとを思い切って飛び越す

《文脈読みの第二ルール》最大三分、あるいは一ページ読み続けて、なおかつ意味のわからないところは、思い切って飛び越す

まず、第一ルールについて説明しよう。すでに基礎練習のところでおわかりになったことと思うが、人間にはあらかじめもっている文脈というものがある。記憶された知識、自分の過去の体験などだ。その上に、状況全体から部分を推定する力もある。「賊と格□」の空欄には〝闘〟という字が入ることはすぐわかる。それは、状況―場の文脈の働きである。

同じことが、もっと複雑な文章についてもいえる。文章の意味がわかったというのは、文章全体の意味がわかったということだ。そのためには、個々の単語にすべて目を通しその意味を理解することは、必ずしも必要ではない。途中まで読めば、あとが推定できることがある。いくつかの言葉を読めば、全体の意味がわかることも多い。

文脈読みでは、内容がわかったところであとを思い切って読みとばす。どの程度思い切ってかはおいおいふれていくが、ともかく思い切って読みとばすこと、とご理解いただきたい。

文脈読みで禁物なのは、わかったところでぐずぐず立ち止まっている読み方だ。わかったことの続きをどこまでも読んでいく、これはまったく蛇足ではなかろうか。たとえていうなら、目的の家を探しあてたのに、なおその先まで歩いていくようなものだ。時間がかかるのも当然だろう。

第二のルールも、第一のルールに劣らず重要である。第二ルールの考え方は、きわめて単純だ。つまり、「わからないことはわからない」ということに尽きる。私はいいたいのだが、世の中に「わからないことがわかる」人がいるだろうか。人それぞれにレベルがあって、そのレベルに応じてわかること、わからないことが出てくる。だから、どんな人においても、やっぱり「わからないことはわからない」のである。

そこで第二ルールは、一定の制限を設ける。三分か、一ページか読み続けてわからない場合は、そのあとをとばせ、というのだ。基準としては、三分、一ページのどちらを使ってもよい。本の一ページあたり字数を平均七百字とみて、むずかしい文章をそれだけ読むのに三分はかかる。第二ルールによれば、それ以上時間をかけてはいけないことになる。というのも、ある程度ゆっくり時間をかけて読んで、それでもわからないことは、それ以上時間をかけたってわからないからだ。

わからないところにこだわりすぎるのは、決してほめられたことではない。第一に、今述べたように、いくらこだわってもそれでわかるわけではない。第二に、本を読むのが遅い人をみると、全体にスピードが遅いケースもあるが、そのほかに、むずかしいところ、細かいところにこだわりすぎるケースも多い。第三に、そうした読み方では、本を読みかけでやめたり、もっと悪いことに、本が嫌いになったりしやすい。

以上の二大ルールは、速読の強力な武器になる。「わかったら飛び越し」、「わからなくても飛び越す」。わかるところはもちろん速読できるし、わからないところも速読できるというのだから、こんな便利な方法はない。

文脈読みの二大ルールは、まことにあたりまえのことをいっている。ところが、このことが今まで全然認識されていなかった。すなわち、速読の諸技術の中で、文脈読みがもっとも軽視されてきた。その証拠に、どんな速読術の本にも、文脈読みらしきことは一行も書いてない。

反対に私は、文脈読みこそ速読の中心技術だと信じている。全体の文脈を押さえる力、部分や先を推理する力、細部にこだわらない判断力。それらこそ、高速の文脈読みを可能にする力なのである。

二大ルールを守るには、どのようにすればよいのだろうか。つまり、文脈読みの方法である。これについては、次項で述べよう。

5. 文脈読みの具体的方法

A. わかったら、あとを思い切って飛び越す方法

ごく短い文章からみていこう。

・「オーイ」、少年は山に向かって叫んだ。

・アメリカは、アラスカをロシアから買い取った。

最初の文章――。「オーイ」だけでは、さすがにわからない。しかし、次の程度には読める。

・「オーイ」、少年は山に向かって↓（飛び越し）

・「オーイ」、少年は出に↓（飛び越し）

「叫んだ」あるいは「向かって叫んだ」は、読まなくても推理できる。飛び越してしまっ

ていい。

次の文章――。アメリカとアラスカの二つがわかっても、まだ文脈が働かない。「ロシアから」まで読むと、歴史的文脈が機能して、「買い取った」という言葉を推定できる。このように文章があまり短いときは、文脈があまり働かず、文脈読みの効果は小さい。

今度は、もっと大きな飛び越しを考えてみる。一つ以上の文章、あるいはブロックの飛び越しである。ブロックとは、すでに述べたが「行替えから行替えまでのまとまり」をいう。ドラッカー『マネジメント・上』から、例をとろう。

①たいていの人は「大量生産」という言葉を聞くと、すぐに「流れ作業」を思い浮かべる。しかし、これは誤解である。大量生産の仕事で流れ作業でもあるのはごくわずかである。流れ作業は、最も硬直的な種類の本当の大量生産の場合でさえまれな例外に属する。

②その好例は、ラジオ、テレビ、電話など家電製品の「組立て」である。これは本当の大量生産である。しかしこの場合、一人の労働者が作業をはじめから終りまで全部やってしまう。（中略）仕事自体は決して移動することなく、各人の作業場所に静止しているからである。

③要するに「流れ作業」は、映画や社会学的疎外論でとくに有名になっているが、現実にはまったくまれにしかない。たとえば一九七〇年のアメリカの場合、労働者五〇人のうち一人の割合でしか「流れ作業」の生産に従事していなかった。製造業においてさえも流れ作業はまれである。（中略）

④そのうえ、伝統的な「流れ作業」像は、硬直的な大量生産だけしかないものと想定している。しかし、今日明らかに優勢な生産の原理は、〝柔軟な〟大量生産なのである。

⑤両方の大量生産原理に共通しているのは、最終製品が「規格部品」から組み立てられるという点である。個別生産の場合には、道具と材料とが規格化されていた。大量生産の場合には、部品までも規格化されている。（中略）

⑥現代の大量生産の原型は、一八一二年の英米戦争の際に、アメリカの歩兵のためにライフル銃をつくった時点にまでさかのぼる。（以下略）

（ドラッカー『マネジメント・上』三四〇〜三四一ページ、野田・村上監訳、ダイヤモンド社）

わかりやすいように、各ブロックの頭に番号をふった。ここには、六ブロックからなる文章群がある。これを文脈読みしてみる。

まず、第①ブロックを読むと、傍線部分が重要な文脈であることがわかる。そして、その意味も理解できる。これが、「わかった！」という状態である。そこで、ルールを思い出そう。「わかったら飛び越せ」だ。

今つかまえた文脈に関連するところは、もう読まなくてよいのだ。次に読むのは、場面が転換して、新しい文脈が発生したところである。そこまでの間は、ホイホイ飛び越すに限る。

よい方法は、各ブロックのはじめの文句にだけ、目を走らすことだ。例文の第②ブロックの先頭を見ると、「その好例は」とある、これは文脈の一環だから、このブロックはあとを読まずに飛び越える。同じ要領で第③ブロックに対すると、「現実にはまったくまれにしかない」という一節が目に入る。これも依然として基本文脈から離れていない。そこで、このブロックも飛び越してしまう。

こうして、結局場面が転換するのは、第⑥ブロックに至ってである。第⑥ブロックでは、新たな歴史的文脈が説明されている。ここで再び、わかった！という精神状態が生まれる。第⑥ブロックも、それ以後の文章はもう読まなくていい。このようにして、どこまでも続いていくのである。

例文と対比する意味で、文脈読みで読んだ結果を次にまとめておく。

①たいていの人は「大量生産」という言葉を聞くと、すぐに「流れ作業」を思い浮かべる。しかし、これは誤解である。大量生産の仕事で流れ作業でもあるのは、ごくわずかである。流れ作業は、最も硬直的の本当の大量生産の場合でさえ、まれな例外に属する。

②その好例は↓（判断）↓（飛び越し）

③要するに「流れ作業」は、映画や社会学的疎外論でとくに有名になっているが、現実にはまったくまれにしかない。↓（判断）↓（飛び越し）

④そのうえ、伝統的な「流れ作業」像は↓（判断）↓（飛び越し）

⑤両方の大量生産原理に共通しているのは↓（判断）↓（飛び越し）

⑥現代の大量生産の原型は、一八一二年の英米戦争の際に、〔↓（判断）↓（飛び越さず）〕アメリカの歩兵のためにライフル銃をつくった時点にまでさかのぼる。

例文は、中略箇所も数えて、千二字。それに対して、文脈読みしたものは二百六十八字だから、その効率は三・七倍になる。これだけでも、相当に速い。しかも、文脈読みにはまだこの先がある。

飛び越しの第三段階では、ブロックの一つ一つに目を走らせることをしない。さらに思い切った飛び越し方をするのである。

そのポイントは、相手＝著者の文脈に従わないことにある。ドラッカーの例では、彼の文脈を見逃がさないよう、どのブロックにも目を走らせた。これだと、結局、著者の論旨に引きずられ、また、飛躍的な飛び越しはできない。そこで、発想を変える。相手の文脈をすべてとらえようなどと思わず、自己流でとらえていくのだ。これは決定的に重要な考え方で、速読に限らず、主体的な読み方を可能にする。

この場合の飛び越し方には、三つある。

①わかった！　と思ったら、委細構わずページをめくる。
②わかった！　と思ったら、委細構わず次項（次の小見出し）に進む。
③わかった！　と思ったら、委細構わず次章へ進む。

①を使うと、読む効率は十倍前後上がる。同じく②では二十倍、③では百倍程度に達す

る。委細構わずというのはなんとも強引だが、それだからこそ、これだけの猛烈な効果が出る。ともかく、意味のわかったところでグズグズするのが、文脈読みでは一番いけない。そういう悪いクセが、①〜③の方法を使えば、イヤでも排除されるのである。

これらの方法、特に②や③は大変大股で文章を飛び越える。そこで、二つばかり心配なことがある。重要な文脈がとばされてしまわないかということと、あいだが抜けていると全体のストーリーがわからなくならないかということだ。

まあ、そうした傾向はたしかにあるが、次のように考えれば、なんでもないことだろう。

第一――ものを読むときには、自分が納得して文脈をつかむことが何よりも大切。著者にとって、あるいは客観的に重要な文脈だからといって、それを誰もが必ず読まねばならぬということにはならない。したがって、重要な文脈を見逃がすことがあってもいい。もし、絶対に見逃がしてはいけないというのなら、見逃がさないようすべての文章に目を配る必要がある。それでは、飛躍的な速読のできるはずがない。

第二――間がとび、さらに文脈も間引きされることになると、全体のストーリーがつかみにくくなるのは事実。しかし、推理力、判断力を駆使することによって、かなり適切に間隙を埋めることができる。チエを働かしチエを高める絶好のチャンス、といえる。

第三――ほかにも打つ手はある。内容の見当がつきやすいところは大股で飛び越す、つかみにくいところはブロックごとに目を走らす、という方法。また、あるところには焦点読み、かたまり読みを使う手もある。

第四――案ずるよりは産むがやすしで、やりもしないであれこれ考えるより、ともかくやってみるのがいい。そうやってみると、案外不都合のないことが知れる。ためしに、今みてきたドラッカーの文章を、①の方法で読んでみる。やり方は、あるページでわかった！と思ったところがあったら、委細構わずページをめくる。そこでまたわかった！と思ったら、さらに次のページをめくる。つまり、見聞き二ページの中から、文脈を一つだけ見つけるつもりで読んでいくのだ。

――たいていの人は「大量生産」という言葉を聞くと、すぐに「流れ作業」を思い浮かべる。しかし、これは誤解である。大量生産の仕事で流れ作業でもあるのはごくわずかである。流れ作業は、最も硬直的な種類の本当の大量生産の場合でさえまれな例外に属する。（ドラッカー『マネジメント・上』三四〇ページ）

――したがって〝硬直的な〟大量生産の場合には、道具、材料、部品のほかに、最終製品までも規格化され、均一化されている。しかし〝柔軟な〟大量生産の場合には、規格部品を使って、最終製品の多様化をはかることができるようになる。（同三四二ページ）

——〝柔軟な〟大量生産の原理を応用するために必要な特定の技法というのは、製品をシステマティックに分析して、一見したところ多種多様と思われる製品の基本になっている原型（パターン）を見出すことである。（同三四五ページ）

——たいていの大量生産工程の場合、望ましい原理は〝柔軟な〟大量生産であるはずである。しかし最近まで、機械化と〝柔軟な〟大量生産とは結びつきにくかった。大量生産に向いている道具はもともと柔軟性に欠けていたからである。（同三四七ページ）

——同じように、〝柔軟な〟大量生産も実に多種多様な本当に相異なる製品を生み出し、しかも完全な規格生産の工程になることができる。こうした理由から次のことが予想できる。今後の大量生産方式となるのは、〝柔軟な〟大量生産であり、他方、〝硬直的な〟大量生産はますます非常に数少ない種類の最終製品、つまり基本的な均一性それ自体が顧客の基本的なニーズであり、仕様（スペック）であるような最終製品に限定されるようになろう。（同三四九ページ）

たったこれだけで九ページ、八千字分を読んでいる。①の方法で読んだ字数は六百二十七字、元の文章の十三分の一ですんでいる。しかも、全体のストーリーの流れも、これで十分わかる。文脈の威力で、相当、間をとばしても大丈夫なのだ。

文脈読みのカンどころを、さらに一、二お伝えしよう。「要するに、こういうことが書いてあるんだな」――内容が要約できた状態は、すなわち「わかった！」の状態である。この瞬間を逃がさないこと、必ず飛び越すことが大切だ。

それから、次のような割り切り方も必要である。「詳しくはあとでもう一度読もう」「この図表はおもしろい。こういうものがあったということだけは、覚えておこう」「数字がいっぱい書いてあるけど、今は読み飛ばしておいて、入用なときはそこを読み直すことにしよう」……この程度で受けとめて、先へ進むのである。

B．わからないところで思い切って飛び越す方法

ものを読んでいてわからないところがあったら、その先へ進めない――この考え方は大変な間違いである。これが正しいとすれば、この世に最後まで満足に読める本はないだろう。どんな本にも、一～二か所あるいはそれ以上、わからないところがあるからだ。

文脈読みでは、一ページ読み続けてわからないときは、思い切ってあとを飛び越す。例の〝場面転換〟をするのだ。わからない文脈はあきらめて、次の文脈、新しい文脈を探す。わからないところがわかるようになるまでには、百年かかるかもしれない。だから、文脈読みでは滞留時間を三分で切る。三分をいちいち時計ではかる必要はない。腹時計、カン時計で十分だ。

難解な文章の代表として、よくヘーゲルのものがあげられる。たしかに、ウィリアム・ジェイムズのような世界的な哲学者さえ、ヘーゲルはチンプンカンプンだと語っている。ヘーゲルの文章を一つ出してみよう。

——肯定的なものとは、向目的であると同時に自己の他者へ無関係であってはならないような、差別されたものである。否定的なものも同様に独立的で、否定的とはいえ自己へ関係し、向目的でなければならない。両者はしたがって定立された矛盾であり、両者は潜在的に同じものである。また、両者はそれぞれ他方の否定であるとともに自分自身の否定であるから、両者は顕在的にも同じものである。両者はかくして根拠へ帰っていく。——あるいは、直接的に言えば、本質的な区別は即自かつ対自的な区別であるから、それはただ自分自身から自己を区別するのであり、したがって同一的なものを含んでいる。したがって、区別の全体、即自かつ対立的にある区別には、区別自身のみならず同一性も属するのである。（ヘーゲル『小論理学・下』三三〜三四ページ、松村一人訳、岩波文庫）

こうした厄介なものでも、文脈読みはできる。以上の文章をがんばって読み続けたが、ちっとも意味がわからなかったとしよう。そのとき文脈読みは、この本をほうり出すのでなく、先へ飛び越せとすすめるのである。場面が転換すると、新しい文脈が現われる。それはわかるかもしれないではないか。

実際、あとを読んで前のところがわかることがある。よく、こういう。「今のお話で、この間の行動の意味がよくわかったような気がします」。これと同じで、ずっと先に行ってから、「ああ、あの文章はそういう意味だったのか」ということがしばしば起こるものだ。だから、わからなくなったら委細構わず、飛び越していくのがいい。

飛び越し方については、わかって飛び越す場合と違いはない。ブロックを飛び越える、項（＝見出し）や章を飛び越える、などである。読む速さは、わかって読む場合に比べるといくぶんテンポが遅くなるが、それほどの差はつかないだろう。

6. まえがき・目次・見出しの活用

本の「まえがき」には、必ず著者の狙いが述べられている。つまり、まえがきとは、「私はこの本を、こういう文脈で書きました」との宣言といっていい。あるいは、「この本は、こういう文脈で読んでください」とのガイドである。まえがきは本文の意味の下敷きになる。したがって、まえがきを読むことは、文脈読みの方法の一つなのである。

次の仮設例をみよう。

——コミュニケーションと一口にいっても、その対象および方法論はさまざまだ。対象はマス・コミュニケーションなのか、パーソナル・コミュニケーションなのか。よって立つ方法論は、心理学のそれか社会学、社会心理学のそれか。それとも組織論、人間関係論、情報理論、コンピューター科学、情報媒体論のいずれかなのか。

本書の立場をいえば、第一の点ではパーソナル・コミュニケーション、第二の点では情報媒体論である……。

「まえがき」には、著者の基本的立場が出る。この例文では、傍線の部分がそれだ。パブリシティ、販売促進、社内報の担当者が読者なら、きっとこの本はなにがしか役に立つだろう。逆に、マスコミのことを知りたい人、情報理論的アプローチを求める人たちは、期待はずれの思いを味わうに違いない。そういうことが、まえがきによってつかめるのである。

あと二つほど例を出そう。

・この本では、内容が一般論、抽象論に終わらぬよう、できる限り具体例に即して述べることに努めた。

・この本はどちらかといえば、理論の基礎解説に力を入れている。その応用面、具体的な展開については別の本にあたってほしい。

前者のセールス・ポイントは具体例による説得という点に、後者のそれは基礎の理論的解説という点にあることがわかる。このように、まえがきはその本のセールス・ポイントも明らかにする。

著者の文脈をつかむと文章の流れに乗りやすく、論旨の素早い理解が可能になる。そのために、著者自らが書いたまえがきは、最良の手引きといってよい。まえがきはコンパクトにできているが、これについても速読する方法がある。まえがきにおいて、著者の文脈を表現するいい回しは大体決まっている。それを見つければよいのだ。

①私がこの本で主張したいのは、〇〇〇ということである。

②〇〇〇について、一人一人が真剣に考えねばならない時期にきている。

③私が問題だと思うのは×××という考え方で、今後は〇〇〇という考え方が求められる。

④要するに、最後は〇〇〇の問題に帰着する。

⑤私がつねづね考えてきたことは、〇〇〇ということだ。

⑥本書は〇〇〇の点を、重点的に述べようとするものだ。

⑦特に、〇〇〇の問題について多くのページを割いた。

⑧今までの×××のやり方では、もはや現実に対応できなくなった。これに対して、私は〇〇〇のやり方を紹介する。

⑨〇〇〇は、私が考案し、実際に効果をあげてきた方法である。

⑩従来、軽く扱われてきた〇〇〇について、本書は一章を与え詳細に述べることにした。

×××は著者が批判する事柄、〇〇〇は彼が主張する事柄である。これらのいい回しは、まさにまえがきのキー・センテンスだ。キー・センテンスに注目すれば、その本の力点がどこにおかれているか、おのずと知れる。この読み方だと、まえがきも全部読む必要はない。今、私たちは本文を速読するために、まえがきを活用しようとしている。そのまえがきがまた、速読できるのである。

まえがきを活用した文脈読みについては、二つのやり方をおすすめする。第一は、著者が力点をおいたところを中心に読むこと。第二は、著者の述べたことの中で、自分が興味をもったところだけを読むこと、だ。客観的に読むか、主観的＝主体的に読むかの違いはあるが、どちらも悪くない。前者を一つ、後者を一つ、組み合わせて読むのは、さらになおよいやり方である。

ともかく、まえがきによって全部の文脈をつかむことが大切だ。それを踏まえて、特に読むべきところ、読まなくてもよさそうなところを判断する。読まなくてもよさそうなところとは、内容がわかっている、見当がつく、あるいは推理できるところをいう。

実際に本文を読むときには、もちろん文脈読みの具体的方法を使う。内容がわかったら、どんどんブロック、項、章を飛び越していけばいい。

目次、見出しによる文脈読みも、考え方は以上と同じである。「見出し読みの方法」の項でふれたとおり、目次、見出しは内容のガイドだ。それを見て判断する。やはり、内容の見当がつくものは読まない。そうして、読むところを決め文脈読みをするのである。

たとえば、ある本の目次が「鉄鋼業の歴史、現状、問題点、対策」となっていたとしよう。もしあなたが、問題点までは十分承知しているなら、対策の部分だけを読む。対策の中でも、わかったところの先はどんどん飛び越す——こういう要領である。

なお、参考までにいえば、文脈読みは見出し読みの発展形態にほかならない。こうした目次、見出しの利用法は、見出し読みの方法にまでさかのぼることができるのである。

7. 効果＝標準より十倍の速さ

文脈読みには、文章の飛び越し方にいくつかの方法があり、それぞれの場合に読む速さが異なる。また、どの章にも目を通すのか、特定の章にだけしぼって読むのかによっても、速さは変わってくる。そのほか、個人のもっている前提知識、それに判断力のレベルも速さに影響を及ぼす。

ここでは、個人的ファクターは度外視し、最初の二つを組み合わせて文脈読みの効果を

表5　文脈読みの効果

飛び越し方 / 章の読み方		ブロック	ページ	項	章
		3倍	10倍	20倍	100倍
10章	1.0倍	3.0倍	10.0倍	20.0倍	100.0倍
9章	1.1	3.3	11.1	22.2	111.1
8章	1.25	3.7	12.5	25.0	125.0
7章	1.4	4.3	14.3	28.6	142.9
6章	1.7	5.0	16.7	33.3	166.7
5章	2.0	6.0	20.0	40.0	200.0
4章	2.5	7.5	25.0	50.0	250.0
3章	3.3	10.0	33.3	66.7	333.3
2章	5.0	15.0	50.0	100.0	500.0
1章	10.0	30.0	100.0	200.0	1,000.0

はかってみる。まず、飛び越し方には四つあった。それぞれの効率を示すと、①ブロック（の飛び越し）＝三倍、②ページ＝十倍、③項（見出し）＝二十倍、④章＝百倍となる。

もう一方の〝章の読み方〟だが、仮に十章あるものを十章読むと、効率は一倍。五章だけ読めば二倍、一章だけですませば十倍である。そして、この両方をクロスさせれば、文脈読みの効果が場合ごとに求められる。一表にまとめると、表5のとおりだ。

その結果によると、計算上ではなんと千倍の速さで読むことも可能である。もっとも千倍というのは、ある章だけにしぼり、さらにその中で一つだけ文脈をつかむというケースだから、文脈読みとしては特殊なものだ。それは、文脈読みというより、むしろあとでふれる〝一行読み〟に近いだろう。

さて、それでは文脈読みの平均値は、どのへんに落ち着くのだろうか。計算表からすると、四角で囲んだ中央部分がそれに該当する。一六・七倍、二〇・〇倍、三三・三倍、四〇・〇倍とある。この四つの単純平均をとると、二七・五倍という数字が出る。

しかし、現実にはそのレベルに達するのに、少々熟練を要する。誰でもが簡単にマスターできて、そこから確実に期待できる効果を平均値としたほうがよさそうだ。その条件としては、①ひととおりどの章にも目を通す、②せいぜいページ単位の飛び越し、の二つが適当である。

以上の考え方で、文脈読みの現実的な平均値が出る。すなわち、文脈読みの効果は、現実的に考えて標準速度の十倍となる。標準速度だと、一時間に一万八千字読めた。これに対して、文脈読みは一時間に十八万字分を読む。十八万字といえば、本一冊、週刊誌一冊の分量に近い。文脈読みによって、一時間に本や週刊誌がほぼ一冊読めるようになるのである。

しかも、工夫と熟練次第で文脈読みの効率は、まだいくらでも上がる。このことも忘れてはならないだろう。

第Ⅴ章　拾い読みの方法

1. 拾い読みとは？

作家の野坂昭如氏が、どこかで次の趣旨のことを書いておられた。中学生の頃、「性」への好奇心が急に高まり、辞書で〝淫〟〝性〟〝猥〟〝乳〟などがつく言葉を探しては、喜んでいた、と。思春期に、誰でも一度は覚えのある情景だ。と同時に、これほど〝拾い読み〟というものの本質をズバリわからせてくれる例を私は知らない。

第一は、読み手の心理である。この例では性的欲求が野坂少年を辞書に向かわせているが、拾い読みには一般に欲求主導的な色彩が濃い。平たくいえば、拾い読みとは欲求を満足させようとする読み方である。

第二は、全体への関心より、部分への関心がまさっていることだ。辞書全体を読むのでなく、あるページのあるところだけ読もうという姿勢である。

第三は、欲求目標（対象）が、限定ないし特定されていること。漠然とした〝性〟一般ではなく、〝淫〟〝猥〟のつく性的な具体語が求められている。

要するにひとことでいえば、拾い読みは、欲求充足型の読み方ということができる。「見出し読みの方法」の章で述べた、三つのカテゴリー――娯楽性・有用性・親奇性――を使えば、次のように表わせる。

①娯楽への欲求を満たすもの
②新奇さへの欲求を満たすもの〉**感覚的欲求充足型**
③有用性への欲求を満たすもの――知的欲求充足型

「こいつはおもしろい」と感じるのは、①に関する満足。「これは初耳だ」は、②に関する満足。「知りたいことがわかった」は、③に関する満足である。ここで、知識欲はもちろん、実際的な欲求、たとえば仕事上の問題を解決したいという欲求も、③に関係する。

①②を合わせて「感覚的欲求充足型」、③を「知的欲求充足型」と呼ぶことができる。

しかし、両者の内容の違いに着目して、私は以後、①②を単に「欲求充足型」、③を「課題達成型」と表現することにしたい。

こう区別しておくと、大変便利である。実際、両者は欲求から出発する点では共通だが、読み方のスタイルはまったく異なっている。欲求充足型の拾い読みが、無秩序かつ自由奔放な読み方を旨とするのに対し、課題達成型の拾い読みは、特定の課題によってワクづけられた読み方をしなければならない。その差は相当大きいのである。

拾い読みのユニークな性格は、前者の欲求充足型に強く出ている。したがって本章では、欲求充足型の拾い読みを重点的に取り上げる。そして、課題達成型については、そのあと一項を設けて説明したいと思う。

> **拾い読み**
>
> 特定の満足を求めてものを読む場合、全体の構成、文脈、論旨は不要なものになる。それらを無視し、部分にアプローチするのが、拾い読みの方法である。部分的アプローチが速読をもたらす。拾い読みには、「欲求充足型」「課題達成型」の二つがある。

2. どこからでも読む

これまでみてきたいくつかの速読法は、基本的には総論から各論へと進んでいく読み方だった。本の場合なら、まえがきや目次で全体の印象、構成をとらえ、それから本文を読む。本文も、間をとばすことはあっても、前からあとへ、全体から部分へと進むことでは一致していた。新聞の場合でも、まず見出しで大づかみし、そのあとで本文の記事に向かう。前文があれば、見出し→前文→本文の順で読む、というやり方である。

ところが、拾い読みではこのやり方をとらない。とらないわけは、冒頭に述べた拾い読みの性格からきている。それでは、拾い読みの場合どういう読み方をするのか。他の読み方に比べての顕著な特徴をあげてみよう。

①全体を押さえるということをしない。いいかえると、全体の構成や論旨に関心を払わない。

②総論は読まず、はじめから各論に入る。

③前後関係は無視し、真ん中から読んだり、終わりから読んだりする。

④まえがき、目次、見出し、前文のたぐいを読まない。本文第一主義。ただし、見出し

が本文の一部になっているような場合は、拾い読みの対象になる。

端的にいえば、ランダムにどこからでも読もうというのである。「本の序論や第一章は読むな、ただちに本論を読め」といったのはヒルティだが、拾い読みではそれがさらに徹底している。

ところで、ランダムにどこからでも読むといっても、それにはどうすればいいか。本屋で立ち読みしている人を観察すると、パラパラッとめくっては読み、めくっては読みのスタイルが多い。このパラパラめくるのは、たしかに拾い読みするのに適している。しかし、もっともよい方法がある。それをご紹介しよう。

私は、拾い読みをするとき、本をうしろから前へと逆方向にめくってくる。これが、簡単にできてかつ効果的な、拾い読みの方法である。この方法のよさは、完全なランダム性が得られる点にある。

つまり、うしろから読めば、まえがき、目次、見出しの影響をまったく受けない。もっと重要なのは、文脈にも左右されないということだ。文脈に強い働きがあることは、すでに何度か述べた。前から順に読めば、かなり間をとばしても文脈の効果が残る。そのため、自由な拾い読みがしにくくなる。しかし、反対から読めば、文脈は働きようがない。

この読み方で、実際に拾い読みしてみよう。本は、日下公人『新・文化産業論』（東洋経済新報社）である。なお、誤解のないようにいっておくが、拾い読みされるということは、その本にとって決して不名誉なことではない。むしろ、拾い読みされる本は、例外なしにおもしろい本だといってよい。念のため。

――パリもまさに同じで誰も本気で電話を使わないから電話局もなかなか改善投資をしない。その代り手紙のほうは発達していて真空管パイプが地下を通っていて、パリでは今夜遊びに来いという手紙を午前中に出すと夕方には返事がくるようになっている。（一八五ページ）

――次にバカンスだが、バカンスの語源はバキューム・カーのバキュームで空っぽという意味。（一六七ページ）

――スコッチ・ウィスキーに「カティ・サーク」というのがあるが、あのラベルの絵になっている船が中国からイギリスへ大いに茶を運んだ有名なクリッパー型帆船である。（一〇八ページ）

――想像しにくいことだが、大量の白人がオリエントへ奴隷として輸出されたと思わないわけにいかない。（一〇三ページ）

――たとえば、有名なベルサイユ宮殿にはトイレがない。（九三ページ）

――キッコーマン醤油は、アメリカへの売り込みに際して、「醤油を使った新しい料理」のコンクールを行ない、一等当選の主婦を日本見物に招待している。（七五ページ）

ざっと、こんな要領である。徹底して具体例、エピソード、こぼれ話にかたよっているが、拾い読みの場合はこれが正常な姿だ。反対から読んでいるせいもあるが、ここにあった文章をみても、本スジが何かサッパリわからない。それもそのはず、拾い読みでは論旨とかスジ道とかはどうでもいいことだからだ。

このことは、総論的な立場からすると大きな欠点といえるが、自由気ままな速読ができる点では、立派な長所といえるだろう。推測するに、おそらく世に雑学博士といわれる人は、こういった読み方、つまり拾い読みの達人なのに違いない。

最後に、新聞の反対読みの方法についてもふれておく。第一の方法は、「ウラページから読むこと」。一面からでなく、テレビ面から読め、ということ。一般にオモテページのほうを〝硬派〟、ウラのほうを〝軟派〟と呼ぶが、当然ながら〝軟派〟のほうに欲求充足型の記事が多い。

第二の方法は、「新聞を下から上へ読むこと」。こちらは、第一の方法よりさらに効果的。見出しの影響力に左右されにくくなる。また、ベタ記事や雑情報が真っ先に目に入ることになるからだ。

3. 拾い読みの具体的方法

拾い読みでは、全体の流れや意味には無頓着に、自分の感覚に合ったところを探すのがコツである。さて、その方法について述べよう。もっとも、主観的な感覚の問題だから、最後は人それぞれということになるが、ある程度一般化して説明することにしたい。それにしても、感覚を重視した読み方は、多様なものにならざるをえない。

(1) 一度に五〜十枚ずつめくる。

話のスジを追うことは二の次なのだから、これでいい。一、二枚めくる程度では、前のところの続きのような話が出てきて、感覚的な満足度が小さい。五〜十枚ずつめくれば、場面が次々に大きく変化し、あきない。もちろん、速度も速い。

(2)本文の導入部は読まず、一区切りしたところを読む。

たとえば小説で、地の文から始まっていたら、そこをとばして会話のところから読む。拾い読みでは、文脈読みの反対を行くことがしばしば効果的な方法になる。

(3)具体例を読む。「たとえば」「例をあげれば」などと書いてあるところを深す。

一般論は用がない。具体例は、たいていの場合、多くの固有名詞、数字、単位名詞、記号を含んでいる。そういった特徴も、具体例を見つける手がかりになる。

(4)エピソード（逸話、挿話）を読む。

本スジに関係があろうがなかろうが、構わない。あなたにとっておもしろければよいのだ。たとえば、司馬遼太郎『坂の上の雲』に、次のようなエピソードが出てくる。重病人の正岡子規が、見舞いにきた友人に、「ベースボールを知っとるかねや」と聞く。そして、「野球をしにゆこう」といきなり起きあがった、というのである。（第一巻一八九ページ、文芸春秋社）

横文字、野球と子規の取りあわせ。それに、重病人がヒョコヒョコ起きあがるおかしさ。意外性やら何やらがあって、誰が読んでもおもしろいエピソードといえる。とにかく、自分が「おもしろいな」と感じるものを探して読むことだ。

(5)「余談になるが」「ちなみに」「脱線するが」の部分を読む。

これも、文脈読みの逆を行く発想である。同じ『坂の上の雲』の一ページあとに、こうある。

——ちなみにかれは明治二十一年新聞「日本」に書いた「ベースボール」という一文のなかで野球術語を翻訳した。打走、走者、直球、死球などがそうであった。(同一九〇ページ)

「ちなみに」などに続く話には、脱線した話のおもしろさがある。野球術語を翻訳した話も、大変おもしろい。

(6)固有名詞、数字のついた文を読む。

具体例のケースと似ているが、具体例に限らず、こうした部分には注目していい。そして、二、三の言葉や数字を覚えてしまうといい。固有名詞は漢字が集まった形かカタカナであることが多く、簡単に見つかる。数字もすぐわかるだろう。

(7)自分の趣味の分野に関する言葉が出ているところを読む。

クラシック音楽が好きな人だったら、魔笛、ハ長調、アンダンテ、バイロイト、ベルリン・フィル、シューマン、カラヤンなどが目にふれたら、そこを読む。満足することが多いだろう。ミニコミ誌、情報誌の読み方は、これがいい。

(8)図・表・絵・写真に注目する。

これらは、本、雑誌などのイメージを素早くつかむのに適している。たとえば、新聞に発表される経済企画庁の「国民所得統計」表は、あの形でほぼ一貫している。したがって、表の見方に慣れれば、本文を読まずにすぐ数字を読んでいってよいわけだ。

(9)初耳の言葉、珍しい言葉に出会ったら、必ずそこを読むようにする。

これは、人間に特有な、珍しいものへの好奇心である。五木寛之の『戒厳令の夜』（新潮社）は、〝デジャヴュ〟なる聞きなれないフランス語をもって始まる。「既視感」という意味なのだが、私は初耳のフランス語に興味を覚えて、その本を読み出した記憶がある。

(10)本の場合、帯、奥付、著者のプロフィールを読む。

これは立読みの仕方といえないこともないが、本を探すとき、買うかどうかを決めるときに使える。ここであげたものは、本の内容からすると副次的なものである。しかし、何度もいうように、こうした脱線的感覚が拾い読みでは重要なのである。

4. 拾い読みのセンスのみがき方

欲求充足型の拾い読みは、感覚的な読み方である。したがって、拾い読みに強くなるには、シャープな感覚（センス）をみがく必要がある。それにはどうすればよいか。

読者を楽しませることが目的の痛快なチャンバラものには、内容の論理性はそれほど要求されない。一方、数学の本は、楽しさゼロで、論理だけを押し立てていけばよい。このように、読みものには感覚を満足させるものと、理性を満足させるものとがある。

ここで、世の中のさまざまなものごとを、感覚になじみやすいものと、理性になじみやすいものとに分けると、次のとおりになる。

〈感覚になじみやすいもの〉……形式、現象、パトス、情緒、感情、要素、ミクロ、アトム、物、イメージ、主観性、行動、本能的欲求、経験、部分、エピソード、各論、無秩序、事実描写、具体的表現、固有名詞、図・表・絵、芸術、独立性、おもしろいもの、珍しいもの、特殊なもの

〈理性になじみやすいもの〉……構造、本質、ロゴス、意味、論理、体系、マクロ、コスモス、観念、概念、客観性、思想、人格的欲求、理論、全体、文脈、総論、秩序、解説、

抽象的表現、普通名詞、言葉、科学、関連性、筋道の通ったもの、一般的なもの、普遍的なもの

各々の二十七項目のそれぞれが、一対一で対応する。この中で特に拾い読みに関係の深い事柄については、傍線をつけた。結局、拾い読みのセンスを高めようと思えば、〈感覚になじみやすいもの〉二十七項目に、意識的に働きかけなければならない。

実際問題としては、普通どんな読みものにも、〈感覚的部分〉と〈論理的部分〉とがある。新聞についていうなら、〈論理型記事〉と〈感覚型記事〉は比較的はっきり分かれている。前者の代表例は〝社説〟、後者の代表例は〝マンガ〟だ。社説を必ず読む人は〈理性派〉、マンガのほうに関心が高い人は〈感覚派〉と考えられる。

論理型記事には、社説のほかに、〝トップ記事〟〝解説記事〟〝評論記事〟などがある。だが、拾い読みのセンスを高めてくれるのは、これら論理型の記事ではない。そうではなくて、チマチマ、こまごま、雑然とした感覚型の記事なのである。感覚型の記事にはどんなものがあるか、次にあげてみよう。もしあなたが〈理性派〉で、しかし、拾い読みにも強くなりたいと思っているなら、これまでバカにしていた（？）次のような記事にも、目

を向けなければなるまい。

マンガ、ベタ記事、一口時評、クイズ・コーナー、小話、ゴシップ欄、こぼれ話、告知板、お知らせ、一口解説、天気図、行事予定、催し物案内、買物情報、特派員だより、流行情報、味の店めぐり、観光案内、経済指標欄、交換コーナー、ほか。

センスをつけようというのだから、たまに気休め程度にみるのでは、効果がない。そういうところへ自然に目がいくようになるまで、習慣づけることが必要だろう。週刊誌の拾い読みも新聞と同じ要領だ。

5. 〝課題達成型〟拾い読みの方法

ビジネスマンは、仕事上の課題を達成するためにものを読むことが比較的多い。この仕事のための読み方というのは、第Ⅶ章「仕事読みの方法」のテーマだが、本項は課題達成のための拾い読みということに話をしぼる。

課題達成型においては、欲求充足型の場合と違って、読み方にワクがはめられている。すなわち、「仕事上の○○の課題を解決するために、これこれのことを知りたい」という形式をもつ。たとえば次のようなものである。

・製品需要予測の精度を向上させるために、文献に紹介されている計量経済モデルを調べ、評価、参照したい。
・ユーザーからの苦情が多い納期遅れを是正するため、ＣＰＭを導入したい。そのためにまず、ＣＰＭとは何かを本で理解する。
・計測器に液晶を使いたいのだが、液晶の工学的応用法や実施例にふれた文献はないか。
・クロス・ファイリング・システムの開発を命じられたが、その進め方を知りたい。
・改善提案制度の実態と問題点の有無を速やかに把握するため、管理図を使いたい。管理図の作り方を勉強したい。
・昇給交渉の資料に使うため、各種物価統計、賃金統計がほしい。
・ソフトウェアのアイディア開発にＮＭ法のＴ型、Ａ型が有効と聞いた。増販に打つ手がなく、シェア低迷の現状を打開するため、その手法を研究したい。

このように、仕事上の問題を解決しようとするときには、知りたいことが必ずある程度特定化している。「何かいい情報はないかな」「いろいろな統計がほしい」といった漠然としたものではない。そんなあいまいな状態では、何か読もうにも、とっかかりがない。だいたい、そんなあやふやな問題意識では、問題を解決することは困難だ。

さて、課題達成型の拾い読みの方法である。ある特定化した知識を、どう探し出し、読んでいくか。ここで私が紹介するのは、〝キー・ワード〟を使う方法だ。

知りたいことの中でもっとも中心的な概念、あるいは言葉を選ぶ。これがキー・ワードになる。先の例では、「計量経済モデル」「CPM」「液晶」「クロス・ファイリング・システム」「管理図」「物価統計・賃金統計」「NM法T型・A型」が、それぞれキー・ワードだ。

やり方は、ひたすらこのキー・ワードを頼りに、文献を探し、本文の該当箇所を見つけて、そこを読む。その際、文献のタイトル、目次、索引が役に立つだろう。

キー・ワードを複数用意しておくことが、必要な場合もある。知りたいことが、違ったタイトルの下に出ていることがあるからだ。たとえば、「管理図」のことが知りたいとしても、タイトルに「管理図」という言葉がついた本や雑誌は非常に少ない。したがって、「品質管理（QC）」とか、「検査」とかのキー・ワードも用意しておいたほうがいい。この方法は、情報検索システム〝シソーラス〟と呼ばれるものだ。

ところで、ものごとに過敏に反応するのは一般的にはあまり好ましくないが、キー・ワードについては別だ。キー・ワードにだけは、過敏に反応するぐらいの執着が必要である。それがどんなところに出てきても、片隅にほんの一行出ているだけでも、見逃がさないようでなくてはならない。課題に取り組む姿勢がいかに大切かということだ。

たとえば私は、主要国の公定歩合、外貨準備高、円の為替相場、アメリカのプライム・レートなどの推移を克明に記録している。それらは、私の仕事のバックデータとして欠かせない。今や、「公定歩合」「円相場」などの言葉は、私にとってキー・ワードになっている。だから、「円相場」を伝えるどんな小さな記事でも、必ずパッと目に入るのである。

〝テクノストラクチュア〟という言葉は、ガルブレイスが『新しい産業国家』（河出書房新社）の中で発明した。今、この言葉が何を意味しているか、同書を拾い読みすることによってつかんでみたい。方法は簡単で、この長いカタカナをただただ探して、読んでいけばよい。その十文字はすぐみつかるだろう。（実をいうと、同書には親切な索引がついている。しかし、ここでは索引がないものと仮定して、拾い読みをすることにする）

造語の場合、最初に使うときに必ず語の説明なり定義なりがなされる。だから、〝テクノストラクチュア〟という言葉がはじめて出てくるところは、絶対に読む必要がある。それは、九〇～九一ページに現われる。

――（集団による決定にたいし）情報を提供する役割を果す人々は非常に多数であって、その範囲は、法人企業の大部分の上級職員から始まり、その外縁では、命令や日常業務に多かれ少なかれ機械的に従う機能をもつ事務および筋肉労働者のところまで拡がっている。（中略）企業を指導する知性、すなわち企業の頭脳をなすのは、この広い範囲の集団であって、経営陣に含まれた小集団ではない。集団によるデシジョン・メーキングに参与するすべての人々、あるいはこれらの人々が形成する組織にたいしては、今までのところ名称が存在していないので、私はこの組織を「テクノストラクチュア」と呼ぶことを提案する。

これで、〝テクノストラクチュア〟の輪郭はつかめた。あとは、例の大めくり（五～十枚ずつめくること）をしながら、イメージを豊かにしていけばよい。キー・ワードで読んでいくことは、前と変わらない。

――利潤極大化がテクノストラクチュアの目標であるとみる理由は先験的には存在しない。（同一三七ページ）

――さきに見たように、テクノストラクチュアは集団的な意思決定の機構である。こうした決定は個人相互間の密接な交流の結果である。したがって、テクノストラクチュアは、

まさにその性質上、共鳴への誘因をもつものなのだ。（同一八三ページ）
——テクノストラクチュアの第一の関心事は財の生産であり、またそれにともなってその財にたいする需要を管理し開発することである。（同一九四ページ）
——テクノストラクチュアの生存の第一の要件は、その意思決定の権力の基礎である自主性を維持することである。（同一九八ページ）
——ひとたび最低限の収益によってテクノストラクチュアの安全が保証されると、目標選択の幅ができてくる。生存の必要くらい強いものはない。しかしこの選択が、多くの場合、どのような形で実行されているかについては、ほとんど疑問の余地がないのであって、それは、売上高で測って、会社の最大可能な成長率を達成することである。（同二〇一ページ）

6．効果＝標準より二十倍の速さ

拾い読みの速さは、いきなり本文をそれも前口上（＝総論）抜きで読む速さである。また、書かれた論旨にとらわれず、自由奔放に飛躍的な感覚で読むことから生まれる速さでもある。

この意味で、厳密にいえば、拾い読みの内容と質は一人一人異なっている。どこをおもしろいと感じるか、珍しいと感じるか。どういうジャンルの趣味に興味をもつか。これらは個性的な感覚の問題だから、一律に論じることを許さない。

こうした中で拾い読みの効果をはかることは、なかなかむずかしい。センスの問題もあった。拾い読みセンスの高い人と低い人とで、その効率に大変な差が生じるのである。客観性をもった正確な効果の算出は、不可能だ。

したがって、ここではごく大雑把な目安として、その値を出してみたいと思う。

一度に五枚（十ページ）ずつ、あるいは十枚（二十ページ）ずつめくることを、前提におく。この数字は、すでに「拾い読みの具体的方法」の中で述べられているものであり、これを前提とすることには十分な根拠がある。

さて、十ページずつめくるとは、十ページに一ページの割合で読むということだ。二十ページずつめくるとは、同様にして、二十ページに一ページの割合で読むことだ。これに対して、飛ばさずに一ページずつ読むのが、標準の読み方である。したがって、十ページずつめくる拾い読みは、標準より十倍の速さをもつ。二十ページずつでは、二十倍の速さになる。

さらに考察を加えよう。本文の意味論的分析を行なうと、本文における総論部分対各論部分の比は、ほぼ一対一になる。ただし、これはあくまで本文トータルの場合の話で、一ページずつみていくとその比の変わることは当然である。しかし、平均値で話をするときには、各ページとも総論一、各論一で構成されていると考えてさしつかえない。

拾い読みは、総論を読まず各論だけ読む方法だった。すると、拾い読みでは各ページの半分だけ読めばいい理屈だから、一ページあたりの効率は二倍ということになる。

以上を総合すると、拾い読みの効果が出る。左記に示すとおり、十ページずつめくる拾い読みの効果は、標準速度の二十倍。二十ページずつの場合は、同じく四十倍である。
10ページずつめくる拾い読みの効率10倍×1ページあたりの効率2倍→効果20倍
20ページずつめくる拾い読みの効率20倍×1ページあたりの効率2倍→効果40倍
本書は、これまでとりあげてきたすべての速読の方法について、確実に期待できる成果を、その方法の効果としてきた。この確実性の原則に従い、ここでも控え目に「二十倍」のほうをとろう。結論をいえば、拾い読みの方法の効果は、標準速度に比べ二十倍なのである。

この結果は、現実的にも納得できるのではないか。二十倍というのは、三十分で週刊誌一冊を読む速さである。四十倍では、十五分でそれが読める。本屋で立ち読みしているのをみると、たしかにこれぐらいの速さで読んでいるようだ。速い人は三十分で一冊、もっと速い人は十五分で一冊、というように。

最後にひとこと。拾い読みは、二十倍とか四十倍よりさらに速くなりうる。五枚、十枚よりもっと多くめくれば、それだけ速くなる。それ以上に、拾い読みのセンスを鍛えることが効果的だろう。

第Ⅵ章　一行読みの方法

1．一行読みとは？

本にしろ、新聞記事あるいは雑誌記事にしろ、一行読めばいいことがある。文字通りの一行と解してもらっては困る。何十ページ、あるいは何百ページある中の一点、せいぜい数行までの文章のことをいう。全体のボリュームからみれば、ほとんど一行という意味である。

一行読めばいいのはどういう場合か。五つのケースが考えられる。

①メチャクチャに忙しいとき。新聞で見出しだけ読む場合に似ている。

②対象（本、雑誌記事など）の第一印象、とっかかりをつかむとき。初対面の名刺交換のようなもの。とりあえず、相手の名前だけ覚えることに相当する。

③対象の意味、文脈を重要な一点だけつかむとき。本質、定義、問題点、対策、結論などの意味的要素へのアプローチである。

④感覚的満足を一つだけ求めて読むとき。欲求充足型の拾い読みを徹底したもの。

⑤仕事に必要なワンポイント知識を求めて読むとき。課題達成型の拾い読みを徹底したもの。

一行読みの道具に、特に新しいものは必要ではない。これまで紹介してきた焦点読みから拾い読みまで、それぞれの方法が使えればよい。ただし、道具がそろっているだけでは、一行読みはできない。

一行読みは、徹底的にぜい肉をそぎおとした読み方である。以上の道具にまして必要とされるのは、高度の判断力と文脈把握力、それに、思い切りのよさと実践的感覚だ。一行読みが速い読み方であることは、容易に想像がつく。しかし、それを成功させるには、今述べた人間的諸能力が十分に発揮できていなければならない。結論的にいえば、以上を可能にするソフトウェア的なチエこそ、一行読みの方法なのである。

一行読み

これまでみてきた速読の諸方法を使い、高度の判断力、文脈把握力を発揮することによって、対象を一点でつかむことが可能になる。このように、チエをフルに働かして超高速で読むのが、一行読みの方法である。

2. 六分で一冊──世界一の速読法

誰がなんといおうが、世界中で一番速い読み方は、この一行読みだ。どんな速読家の読み方よりも、圧倒的に速い。一行読みだと一時間に十冊、つまり六分で一冊読むことができる。ある一点を読む正味時間だけなら六分もかからないが、六分には、急所の一行を発見するために対象の中をうろつく時間も含まれている。

私は一時間に十〜十五冊ぐらい読むことがあるが、そのときの読み方は、もちろん、一行読みである。ものを読むのに一行読みだけではちょいと困るが、一日一時間読む人が、仮に全部一行読みだけで読んだとしよう。そうすると、あくまで架空の話だが、一年間にはなんと三千六百五十冊読める計算になる。すさまじい速さではあるまいか。

さて、本論に入る。まず、名刺交換的な一行読書、つまり第一印象、とっかかりを得るための一行読書について。

私がおすすめする方法は、インデックスをつくる気分で、著者、タイトル、一、二の言葉を結びつけること。このセットを頭に入れておけば、とっかかりとしては十分だ。いくつか例を示す。

——川喜田二郎＝『発想法』＝ＫＪ法

——土方文一郎＝『管理者の問題形成』＝問題発見・問題形成

——リースマン＝『孤独な群衆』＝伝統指向型。内部指向型・他人指向型

——凸山凹夫＝『△△△』＝□○センター理事長

——虎田熊助＝『動物の生態』＝犬猫出版社＝二千円

——川添登＝『移動空間論』＝自動車文明

これだけの一行知識で人と軽い話ならできるし、素早く情報を引き出すこともできる。

あとは必要に応じて、その本に戻ればよい。珍しい言葉、著者のプロフィール、そのほか何でも印象に残ったことを、素直に結びつける。将来ていねいに読むために、ひもをつけ

ておく働きもある。

３．欲求充足型の一行読み

あまり窮屈に考えるのはよそう。感覚的な満足を得ることは、たしかにものを読む楽しみの一つだ。したがって、それが得られるなら、全部読んでももちろん構わないが、一行読みで終わったってよいのではないか。

拾い読みのところで述べた方法の多くは、この一行読みに関してもそのまま使える。ただ、一行読みは読みどころを一点に限る。すなわち、拾い読みの方法を用いて満足できる文章、言葉、図・表などに一つ出会えば、もうそれであとは打ち切るのである。思い切りが必要になる。

その代わり、該当箇所には最大限の精力を注ぎたい。文章、数字、固有名詞、図のパターンと構成要素、などを完全に覚えるか書きとめるかして、自分のものにしなければならない。満足が、たった一行読むだけで得られたのだ。それぐらいの労力を惜しんではなるまい。

ここで、一行読み独特の方法についても述べよう。本文の最初の一行に目をとめるのである。最初の一行ほど探しやすい場所はないから、非常に楽な方法だ。実務書や専門書では、はじめに総論の出てくることが多いから、欲求充足型ではない。しかし、小説の場合は違う。最初の一行は、それこそ名文、感覚を満足させる文章の宝庫といっていい。いくつかあげてみる。

――趙の邯鄲の都に住む紀昌という男が、天下第一の弓の名人にならうと志を立てた。己の師と頼むべき人物を物色するに、当今弓矢をとっては、名手・飛衛に及ぶ者があらうとは思われぬ。（中島敦『名人伝』角川文庫）

――今日は、陸軍大臣が、おとうさまのお部屋を出てから階段をころげおちた。あの階段はゆるやかで幅もひろいのに、よく人の落ちる階段である。（武田泰淳『貴族の階段』新潮文庫）

――年中借金取が出はいりした。節季はむろんまるで毎日のことで、醤油屋、油屋、八百屋、鰯屋、乾物屋、炭屋、米屋、家主その他、いづれも厳しい催足だった。（織田作之助『夫婦善哉』新潮文庫）

――蓮華寺では下宿を兼ねた。瀬川丑松が急に転宿を思い立って、借りることにした部屋というのは、その庫裏つづきにある二階の角のところ。（島崎藤村『破戒』新潮文庫）

――わたしの父の姓はピリップ、わたしの名はフィリップといったが、幼いわたしの舌では、両方ともピップというだけで、それよりも長くも、明瞭にもいうことができなかった。（ディケンズ『大いなる遺産』山西訳、新潮文庫）

――幸福な家庭はすべてよく似よったものであるが、不幸な家庭はみなそれぞれに不幸である。（トルストイ『アンナ・カレーニナ』中村訳、河出書房新社）

――ニューヨークには、バンコックに負けない暑熱の夜がある。大陸全体が本来の位置を離れて、赤道付近へ移動したかと思われる暑さなのだ。（ペロー『犠牲者』太田訳、新潮文庫）

――四月十六日の朝、医師ベルナール・リウーは、診療室から出かけようとして、階段口のまんなかで一匹の死んだ鼠に躓いた。（カミュ『ペスト』宮崎訳、新潮文庫）

最初の行と対象的な意味で、本文最後の行も注目する価値がある。余韻の漂ういいものが多い。小説以外のものについても一つあげておく。目次や索引で感覚に合う項目または言葉を選び、そこを読むのだ。案外いい結果が出るようだ。意に反してそれがつまらないものだったら、そこで打ち切りにしてもよいだろう。

4. 課題達成型の一行読み

ふだんの生活に必要なものの中から、適当に五つあげてみよう。

①水、②パン（ごはん）、③ふとん、④傘、⑤靴。

これらは皆、なくてはならないものであるが、いっぺんに全部必要なことはめったにない。場面場面で、決定的に重要なものが変わってくる。

・のどがかわいているときは水。ほかの何もいらない。
・空腹ならパン（ごはん）。ほかの四つを足したぐらい価値がある。
・眠いときにはふとんが一番ありがたい。パンの山より魅力的だ。
・新調のスーツに横なぐりのにわか雨。君は、傘が手に入れば死んでもいいと思うだろう。
・熱砂の上を歩くときは靴。このとき靴は神様である。

なぜこんな例を出したかといえば、課題達成型の一行読みに求められるのは、以上のような考え方だからだ。仕事上の課題を解決するために、ものを読んだとしよう。そこから、解決へのヒントを得たいわけである。その場合、漠然と考えていたら、読む必要のあるところはいくらでも出てくる。ほかにも何冊か読まなければならないかもしれない。

いくらでも読む時間があるのなら、これでいい。しかし、そんな悠長なケースは、少ないのではないか。必要な情報を本から見つけ次第、計算し報告書をつくり、あるいは取引先に電話を入れなくてはならないことが、しばしばあるだろう。そうしたときに、一行読みが役に立つのである。

知りたいことを一点にしぼること。空腹時にパンがそうであったように、「今この仕事で、とりあえずもっとも知りたいことは何か」をつかむこと。これが、課題達成型一行読みの方法の第一点である。拾い読みの場合よりも、さらに知りたいことの内容を特定化する要領だ。

第二に、やはりキー・ワードを使う。本や雑誌をパラパラめくってキー・ワードを探していくこと、索引があればそれを利用すること、には変わりがない。しかし、一行読みはそのあとがシビアだ。

ある計算公式が知りたいとき。それが見つかったらノートに転記して、もうその本は用ずみである。解説だとかその公式の導き方とかは、無視してしまう。

なんとか法の第五条の条文が入用なら、六法から第五条だけ正確に書きとる。前後の条文、関連法の条項などには色気を見せない。

個人消費支出の金額、伸び率、構成比が知りたかったら、国民所得統計の個人消費支出欄だけを読み、数字を覚える。この際は、ほかの欄には目をつぶる。

こうしたやり方である。それは、視野が狭いように思われるかもしれない。たしかに、そういう面はある。しかし、データを一行はめこめばいいぐらいに問題点を煮つめてあれば、一行読みで必要にして十分なのだ。

方法の第三は、時間を限ること。自分を切迫した状況に追いこむことで、一行読みへの心構えも生まれるし、シビアなセンスも身につく。試みに、実際の仕事の中で、本一冊を十分で一行読みする練習をしてみてはいかがだろうか。それをくり返せば、一行読みのコツもわかってくるに違いない。

5. 定義・公式を読む

一行読みでもっともむずかしく、しかしもっとも重要なのは、本文の内容をつかむことだ。一行で全部の意味や論旨を把握しようというのだから、むずかしいのも無理はない。「そんなことは不可能さ」と決めつけるのはたやすいが、それでは味もそっけもないだろう。そこで、不完全なことは承知の上で、あえてこの難問に挑戦してみたい。

ところで、ある程度のボリュームをもった本文には、〈構造〉（フレーム）と〈機能〉〈働き〉とがある。それは、人間の体にたとえると、ちょうど〈骨格〉と〈血液〉に相当しよう。

本文の中で構造＝骨格を構成するものは、立場、定義、公式、前提条件など。一方、機能＝血液とは論旨、あるいは意味の流れということにほかならない。本文の内容をつかむとは、したがって構造と機能の両者をつかむことを意味している。

この場合、目次や見出しを読むのでは十分とはいえない。目次や見出しは、たしかに内容をガイドするものだが、結局、インデックスにとどまる。やはり、本文そのものの中から構造・機能をとらえなければならないだろう。

さて、本項ではそのうちの構造のとらえ方について説明する。そして機能のとらえ方については次項で述べることにしたい。

本文の構造を、もっとも効率よく一行でとらえる方法は、次のとおりである。

《本文の構造＝骨格は、立場、定義、公式、前提条件などから構成される。したがって、その中の一点を選んで読めばいい》

ものによっては、著者が自らの基本的立場を強く力説していることがある。また一方、前提条件の設定、検討にウェイトのかかっていることもある。いずれに力点がおかれているかは、個々にあたって判断するほかはない。

しかし、もっとも多くの場合に当たりはずれなく通用するのは、〝定義〟である。それは、もっとも重要な概念、言葉、考え方を説明したものだ。定義は構造の基準になるが、それ以外に、論旨の展開に影響を及ぼす働きもする。というのは、定義にもとづいて内容は具体化されていく。したがって、定義から論旨の運びがある程度予想できるからだ。

私は、はじめて会計学の本を読んだとき、この方法を使った。次にあげる〝会計〟の定義だけを読み、その本を閉じてしまったのである。

――「会計は、情報の利用者が判断や意思決定を行うにあたって、事情に精通したうえでそれを行うことができるように、経済的情報を識別し、測定し、かつ伝達する過程である、と定義される」（AAAの定義）（田中茂次『現代会計学』一ページ、中央大学出版部）

新しい分野の勉強をするとき、散漫な理解のままで読み進んでも、効果は期待できない。まず定義の一点にしぼって、それだけを読み、しっかり理解することが大切だと思う。なお幾つかの、定義の例をあげておく。

――決定分析は、代替行動の選択に当たって、その基礎となる評価の問題を体系的に取り扱う一つの学問体系である。……決定分析モデルは、多くの場合デシジョン・トリーないしデシジョン・ダイヤグラムとよばれるものを含んでいる。（ブラウン他『決定分析』一頁、藤田監訳、産業能率大学出版部）

――だから、人間をanimal rationale（理性的動物）と定義する代りに、animal symbolicum（シンボル・動物―象徴的動物）と定義したい。（カッシーラー『人間』三七ページ、宮城訳、岩波書店）

――システムとは一般に「何らかの相互作用ないし相互依存性によって結合された事物の統一体」を表わすために用いられる言葉である。（秋葉博『戦略的意思決定』八ページ、

中央経済社）

――……あるものを記号と呼びうる一組の条件を次のように、少なくとも一応公式化できる。「もしあるものＡが一つの目的に向かう行動を支配するとき、そのしかたが別のあるものＢが現認される場面で、Ｂがその目的に関連して行動を支配するであろうしかたに類似したしかた（必ずしも同一でなくともよい）であるときは、Ａは記号である」（モリス『記号と言語と行動』八ページ、寮訳、三省堂）

――このような意味における実質的意義の商法を、いかに理解するかについては、従来学説が分れているが、私はこれを「資本主義経済秩序のもとにおいて、企業そのものを対象とし、その生活秩序に関する規整をなすところの法規の全体」と定義する。（石井照久『商法Ｉ（一）』五ページ、勁草書房）

なお、定義の表現形態にもご注意いただきたい。こう定義すると書いてあれば一目瞭然だが、それ以外にも特徴がある。「私は○○○と規定する」「○○○と名づける」「○○○は×××を意味する」――こういう言い方が、定義文ではよく用いられる。また、「○○○とは、×××のことである」という表現、…とは…のこと、なる言い方は、たいてい定義を表わしていると考えて間違いがない。以上の点に着目すれば、定義箇所を発見することは比較的容易だろう。

６．機能＝意味の一行読み

本文の論旨、意味の流れ、文脈を一行でつかむこと。これは速読に関するあらゆる問題の中で、もっとも厄介なむずかしい問題である。速読の〝博士課程〟といってよいだろう。あるいは、文脈読みの最高級の形態ともいえるだろう。

拾い読みの場合と違って、ことは総論部分に関する。全体の論旨、意味の流れ、背景をなす文脈は、総論部分に含まれている。拾い読みでは、各論部分のエピソード、具体例、固有名詞などに注目するが、それとまったく対照的なのである。機能＝意味の一行読みでは、固有名詞や数字を手がかりにできない。普通名詞その他、地味で目立たない一般語からなる文章、そこから急所の一点を発見しなければならない。

この難問に対して、私は切札を用意している。四つの方法に分けて説明しよう。

第一は、章、節、項のはじめの部分か終わりの部分を読むこと。章にしろ、節、項にしろ、本文は一般に総論（起）→各論（承・転）→総論（結）という構成をもっている。だから、はじめか終わりを読むということは、総論を読むことを意味する。特に一番最初の部分、一番最後の部分には注目したい。

各章について、このやり方を使う。その途中で必要な文章が見つかれば、あとは読まなくていい。

第二は、「本書の要旨」「本章の結論」と見出しが立っているところを読むこと。似た表現に、「要約」「要説」「概説」「概要」「結論」「結語」「提言」などがあるが、いずれも同じ仲間と考えていい。そこを読むことで、素早く簡単に内容がつかめる。

第三は、次の言葉のついた文章に注目すること。それらがキー・ワードの働きをして、重要な文章を発見することが可能になる。

（私が）主張したいのは、（私が）もっとも重要と思うのは、問題を整理すると、その本質は、今すぐやるべきことは、結論的にいえば、要約すると、まとめると、総括すると、私の提案だが、概観すると、問題の根本は……

これらを手がかりにすれば、目のつけどころがビシビシ決まって、一行読みの効率があがるに違いない。

最後の第四は、もっとも高度の思考力を要するが、本文の中から「卓抜、独自の論理をもったもの」を見つけることだ。印象とか情緒のような感覚的なもの、固有名詞、数字などの単語でなく、あくまで「論理」が発見対象になる。やはり一点でいい。これについては、やや詳しく述べることにする。

ここで発見したい一行は、感覚を満足させるものではなく、知性を驚かし、刺激し、興奮させるものをいう。感覚的満足は、「おもしろい」「グッとくる」「イカす」「カッコいい」「泣かせる」などの言葉で表わされる。これに対し、こちらは質を異にする。「納得する」「目の うろこ がとれる」「ポン と膝を叩く」「永年の疑問が氷解する」「ハッとする」——こういう心的状態である。

これは、精神が触発された状態を表わしている。このように精神を啓発する論理を、いかにして見つければよいか。その方法を述べれば、次のとおりである。

《「ああ、(意味が)わかった」という読み方ではダメ。理解するだけでなく、触発させるものがあるかどうかを、自分の頭で評価、判断すること。注目すべき論理として、仮説、逆説、新説、複雑な状況を明快簡潔に整理してくれる文章、独創的な提言、などが目のつ

けどころになる》

参考までに、二、三の例をあげよう。

〈仮説の例〉将来には、企業の営業取引に対する集中的な関心は希釈化され、非営利組織はもっと営業的になるだろう。（アンゾフ『戦略経営論』三九ページ、中村訳、産業能率大学出版部）

〈逆説の例〉態度から行動が生まれるのではない。行動から態度が生まれるのだ。（ハーズバーグ『能率と人間性』一三一ページ、北野訳、東洋経済新報社）

〈新説の例〉色不異空。空不異色。色即是空。空即是色。受想行識亦復如是。（中村・紀野訳註『般若心経』八ページ、岩波文庫）

〈整理の例〉完全で単純な正しい推論つまり三段論法は、必然的なものと確からしいものとに分けられる。必然的な三段論法、換言すれば演繹的な三段論法とは、その推論の正しさが、推論された事柄と前提で措定された事柄との関係だけに依存するような推論である。（パース『論文集』一三二一～三ページ、上山・山下訳、中央公論社）

〈提言の例〉ある意味で、アイコニックス（イメージ学）は、古い科学のなかから生まれた新しい科学であるというよりは、むしろ、知識の世界を再編成するのに貢献するといえるであろう。……それは、数学のもっている極端な一般性と、専門分野の特殊性との中間に位するなにものかをみつけることになるであろう。（ボールディング『ザ・イメージ』二〇一ページ、大川訳、誠信書房）

あくまで、自分にとって啓発的かどうかが、判断のキメ手になる。したがって、最終的には一人一人の判断力、さらにそのもう一つ奥の思考力がものをいうわけである。

7. 効果＝標準より百倍の速さ

一行読みにおいてもっとも速いのは、最初の一行だけ読む場合だ。本全体の文字数を二十万字、最初の一行の文字数を百字としよう。ロスタイムはないから、このとき一行読みの効率は二十万÷六百、つまり二千倍になる。一行が五十字であれば、効率は四千倍に達する。

今度は、百万字の本を考えよう。先の例と同じく、最初の百字、五十字だけを読んだとする。すると、驚くなかれ、一行読みの効率は、それぞれ一万倍、二万倍ということになる。このように、対象のボリュームが増せば増すほど、一行読みは威力を発揮する。

以上は、一行読みの理想状態に近い話である。確実に期待できる効果水準、現実的な効果水準はどの辺だろうか。

私の体験と観察によれば、六分で一冊、一時間で十冊というのが確実妥当な水準だ。平均的な一冊の字数は二十万字だから、一時間では十冊分、すなわち、二百万字読める計算になる。何度も述べたとおり、標準速度は一時間一万八千字。したがって、一行読みの効果は二百万対一万八千、結局、百十一倍である。

私たちは今、厳密な数学問題をやっているわけではない。また、そもそも正確な答の出る性質の問題でもない。そこで、わかりやすく端数をとり、大きく「一行読みの効果は百倍」と考えたい。いずれにしても、一行読みはメチャ速の読み方であり、世界一速い読み方といってよかろう。

いうまでもなく、百倍というのは確実に読める控え目な水準である。熟練すれば、千倍、一万倍の速読さえ可能なのである。「オレは人より千倍速く読めるゾ！」こう考えてみればいい。

一行読みとは、なんとエキサイティングで胸のすく読み方ではなかろうか。

第三部

中川流速読の技術〈応用篇〉

第Ⅶ章　仕事読みの方法

1．仕事読みとは？

今まで述べてきたことは、「こういうふうに読みましょう。そうすれば速く読めますヨ」というものだった。しかし、仕事のためにものを速く読まねばならないときには、読み方は前もって与えられていない。自分が仕事のニーズ、時間的制約などを考え合わせ、もっとも適切な読み方をケース・バイ・ケースで選択し、適用していかなければならない。

読み方の一つ一つは、すでにこれまでのところで詳しく説明されている。また、具体例にも例題にも、ひととおりお目にかかってきている。しかし、仕事のために速読する場合は、考え方の順序をひっくり返す必要がある。

「この仕事のこれこれについては、○○の方法で読む」

ひとことでいえば、これが仕事読みということである。どの方法をどういうふうに使うかが、仕事読みの課題になる。本章では、仕事と関連づけながら、速読の方法を適用していく。また、仕事にのみ必要な、特殊な速読法を二、三紹介しよう。実践的センス、速読の応用力を身につけることが、本章の狙いである。

仕事読み

実践に活きなければ、速読法の価値は半減する。「この仕事のこれこれについては、○○の方法で読む」。このように、仕事本位に最適な速読をするのが、仕事読みの方法である。

2. 仕事で焦点読みを使うケース

焦点読みしかできないから、何でもかんでもこの方法で読む、という発想はあまり仕事向きではない。それでは、仕事のどういう場面で焦点読みするのが適当か、考えてみよう。

まず、時間的な条件からいえば、焦点読みは比較的余裕のあるときの読み方である。一時間あたり二、三十ページ読めばいいような場合だ。それ以上の分量を与えられると、かなり苦しい。

細部にわたってどの文章にも目を通す必要がある場合は、焦点読み、あるいはかたまり読みに限る。たとえば、記者会見して新聞に発表された記事を、原稿と照らし合わせてチェックする。こういうときは、文章をとばしてしまうような読み方はまずい。

また、許認可申請手続き、機械操作手続きなど、手続きについて専門書やマニュアルを読む場合は、手続きを示す文章をもれなく読む必要がある、手続きはつまらないようなことでも、一つ欠けると不備になりうるからだ。ここでも、焦点読みが要求される。

多くの固有名詞、数字を読むときもそうだ。たとえば、世界各国の物価上昇率や生産性指数などについて読むのがこれである。拾い読みでいうキー・ワードは、もっともっと数をしぼって使うから、このケースとは異なる。

ほかの方法と組み合わせて焦点読みするのも、なかなか有力である。見出しで読む記事を決めて、そこを読むとき。仕事にとって重要な文脈＝意味をもつと思われるところ。キー・ワードで探しあてた文章を読むとき。定義文を読むとき。これらいずれの場合にも、部分的に焦点読みが適用できよう。

3．仕事でかたまり読みを使うケース

かたまり読みも、焦点読みと同様、どの文章にもひととおり目を通す方法である、焦点読みよりは速いが、標準速度の三倍、よほど熟練しても四倍ぐらいまでしかいかない。その能力の範囲内で利用するのがよい。

仕事でよく使う漢字の熟語、カタカナは、かたまり読みで読む習慣をつけておくことが必要だろう。たとえば自動車メーカーだったら、「自動車」「輸送機械」「小型乗用車」「組立工場」「量産効果」「アセンブリー・ライン」「ノックダウン」「トランスミッション」「ゼネラル・モーターズ」などの言葉である。こういう常用語を一語一語読んでいては、話になるまい。

新聞、週刊誌にあなたの会社のことが出ていたら——。特に、それが自分の仕事に直結する場合はもちろんだが、できるだけていねいに読んだほうがいい。焦点読みでもよいが、もう少し速く読みたいというのなら、かたまり読みをすることだ。新聞、週刊誌の記事は、一行あたりの字数がわずか十数字で横に長いから、「かたまり読み—カニ型」を使おう。タテ型の本の場合だったら、今度は「キリン型のかたまり読み」が最適になる。

組み合わせ法について――。

まず、焦点読みとかたまり読みの組み合わせ。このとき、焦点読みだけの状態からすると、質は変わらずスピードが上がる。かたまり読みだけの状態に比べると、スピードは同じで質が上がる。焦点読みは、どちらかといえば〝質〟に注目した読み方であり、かたまり読みは〝量〟にウエイトをおいた読み方である。両者を組み合わせることによって、それぞれのよい面が相乗されるわけだ。

見出し読み以下の方法とかたまり読みの組み合わせ。やはり、かたまり読みは部分的な使い方になろう。ほかの方法で読むところを決める。そして、そこをかたまり読みできちっと読むのだ。そうはいっても、その部分に関する限り、かたまり読みすることによって標準速度より三倍、スピードアップしている。かたまり読みの働きとしては、それで十分だろう。

4. 仕事で見出し読みを使うケース

焦点読みやかたまり読みのときほど落ち着いておれなくなると、見出し読みのチエが必要になってくる。わかりやすい例を出そう。仮に、ふだんは出社してから一時間新聞を読んでいたとしよう。それが今日は、十分後に会議が始まる。したがって、十分で新聞を読まなければならないわけだ。こういうときに、見出し読みが威力を発揮する。

見出し読みの速さは平均二倍。しかし、見出しだけ読んですます割合を増やせば、その倍率はもっともっと高まる。余裕の程度に合わせた読み方ができる点は、見出し読みの大変な長所だ。

会社に入りたての頃は、よく新聞記事の切り抜きをやらされる。このとき、律義にいちいち全文を読んでスクラップ記事を選んでいたら、時間がかかりすぎる。職場に関係の深い記事はていねいに、それ以外は見出しプラス本文を若干読む程度で許されよう。「この一か月間に、新聞にのった乳製品関係の記事を読んで、要約報告してくれ」。こうしたケースもちょくちょくある。見出しで探すことは当然。問題は、本文をどの程度読むかだが、これについては、見出しの言葉が出てくるブロック、あるいは次のブロックを読むのがコツになる。

仕事のために本や雑誌を読む場合は、目次が見出しの代わりになる。何が何でも最初から終わりまで読もう、と考えないこと。ともかく、まず目次でどの程度読むかを判断するのが、第一条件だ。その結果、この本は全部読む必要があるというのなら、それは構わない。

見出し読みと焦点読み、かたまり読みとの組み合わせについては、すでに述べた。さて、見出し読みの方法は、基礎技術の中ではもっとも応用性に富んでおり、特に文脈読みとの結びつきは深い。拾い読み、一行読みと組み合わせたときの効果は、部分的である。すなわち、効果が出るのは、見出し・目次を見て拾い読み、一行読みをする場合に限られる。その効果を大きいものにするには、見出し・目次への鋭い感覚が不可欠となる。

5. 仕事で文脈読みを使うケース

速読の応用技術になると、格段に速度が上がる。文脈読みでは、標準の十倍の速さになる。従来、書類を読む速さが一時間二十枚だったとすると、今や同じ時間に二百枚読めるわけだ。

たとえば、報告書に、経過─現状─問題点─対策とあったとする。もし、あなたがすでに問題点まで知っているなら、「対策」のところだけ読めばいい。このように、仕事上の必要からものを読むときも、自分の既得知識を活かして効率的に読むことだ。

新しい仕事についてその関係の本を読むと、最初は読みづらくて往生する。その分野になじみがないせいだ。このとき、文脈読みの二大ルールが役立つ。わかったところがあったら、思い切ってあとを飛び越すこと。および、読み続けてわからないところも、思い切って飛び越すこと、である。

全体のあらすじや論旨を、しかもごくわずかの時間でつかまえねばならないときは、文脈読み以外の方法では対応できない。なお、この際、まえがき、目次、見出しを活用すると能率的だ。

仕事では、大づかみにポイントを押さえること、知識や技術を使おうと思えば使える状態にしておくこと、が大切である。読み方についていえば、いちいちこと細かに覚えようとせず、次のようにひもをつける方法がシャレている。「〇〇の詳しい事例は、××の本に出ているな」「この図はおもしろい。こういう図が出ていたということだけ覚えておこう」など。

6．仕事で拾い読みを使うケース

拾い読みは、対象の全体を把握するには適さないが、特定事項をシャープに読みとるのにはうってつけだ。仕事がどんなに忙しいときでも、困らない。標準の二十倍というすごい速さだから、ちょっとしたコマ切れ時間を使って読めるのである。

窓口的な仕事、対人接触の多い仕事では多かれ少なかれ雑学的な知識が必要だが、この雑学を身につけるのに、拾い読みほどうってつけのものはない。分野やタイトルなどどうでもいいし、全体の構成や論旨にも気を配る必要はない。ともかくどんなものでも気楽に手に取って、パラパラ本文をめくってみる。そうして、興味を感じた具体例、数字、エピソードなどを覚えるようにすればいい。

雑談や話のつぎ穂に使う話題を探すにも、拾い読みの方法が適している。抽象的な話とか理屈とかは、一般向きの話題とはいえない。拾い読みで、こぼれ話、おもしろいエピソードや記録、一口知識などを仕入れておくと、大変重宝する。会話の効果を高める潤滑油になるだろう。

仕事そのものに関しては、知りたいこと、調べたいことが限定されていれば、拾い読みの方法が使える。「ある言葉の意味が知りたい」「円レートの推移をつかみたい」といった場合である。キー・ワードを設定して、キー・ワードの出てくるところだけを読むようにする。

仕事のマンネリから脱したいとき、アイディアが出尽くして壁にぶつかったときにも、拾い読みは有効である。マンガ、趣味の本、女性向けファッション誌、そのほか何でもいい、ふだんのぞいたこともないものをパラパラ拾い読みする。本をうしろから読む。新聞のベタ記事、小さなカコミ記事を読んでみる。こうした逆説的で自由奔放な読み方が、しばしば発想を転換してくれるのである。

他の速読法との組み合わせについて。焦点読みから見出し読みまでは、すでに述べた。文脈読みとの組み合わせはむずかしい。両者はほとんど正反対の方法であり、相乗作用は働かない。しかし、誤解してはならないが、だからどちらか一方ですまそう、と考えるのは見当違いだ。どんな場合にも対処できる多面的な速読のためには、両者のいずれも欠かせないのである。

一行読みに対しては、拾い読みのシャープなセンスが影響を及ぼす。洗練された感覚、十二分にしぼりこんだキー・ワードが、質の高い一行読みを可能にするといってよかろう。

7. 仕事で一行読みを使うケース

時間的に追いつめられたとき、一行読みは必ずあなたを救う。一行読みの速さは、標準の百倍というところが確実な線であるが、一千倍、一万倍の速さで読むことすら不可能ではない。まさに、「奇跡の速読法」なのである。

とりあえず、読みもののインデックスだけを知っておけばいいことがある。人と会って、本の題名、第一印象ぐらいは話ができるように、また、将来それを詳しく読むときの手がかりになるように、である。これが、〝名刺交換型〟一行読みだ。

ワク組み、立場、考え方、定義など、いわゆる総論的なものを求めて読むときにも、一行読みは使える。たとえば、「会計学」を勉強する人が、まず「真実性の原則」「継続性の原則」など、いわゆる「会計原則」のところだけを読むなら、これは立派な一行読みである。仕事においても、総論的な知識の必要なケースはいくらでもあるものだ。

さらに実践的な一行読みを考えてみよう。「担当者が入院しちゃったから、君、明日までに仕入帳をつくっといてくれヨ」。帳簿なんて見たことも、さわったことも、ましてつくったこともない。どうするかといえば、当然ここは一行読みである。簿記のボの字も知らなくていいから、その本で「仕入帳」の項を探し当てる。書式例を見る。

そこからあとは、もういきなり実践だ。見よう見まねで、仕入れた商品を書き込んで、ともかくやりとげてしまおう。この方法だと、短期間に大変力がつく。間違ったところはもちろん直されるが、それがまた勉強になる。

超緊急のとき、一行で全体の意味をつかみたいことがある。一行読みのもっとも高度な活用法だ。本文の一番最初か、あるいは一番最後を読む。要約、概説してあるところを読む。著者の仮説、逆説、新説を読む、などである。論理の卓抜さ、ユニークさを発見する力が要求されよう。

8. チームで読む

会社時代の初期の頃、チームで社内懸賞論文に応募したことがある。チーフ以下五人のメンバーで、「経営多角化」といったテーマを選んだ。結果はさておき、そのときの共同作業がなかなか勉強になった。

二、三度ディスカッションして、構想を立てる。次に、内容をブレークダウンし、ストーリーの大スジを決める。何章か章を立て、章ごとに担当をおく。以後、組まれた日程に従い、各メンバーが自分の担当した章を書き上げていく。そして原稿が出そろったところで、全員で全体に目を通し、検討・調整をして仕上げる。――こういう段取りであった。

ところで、はじめのディスカッションの段階において、多くの参考図書の名前があがった。二十冊以上はあった。一人一人が、それだけの本に目を通すことができれば理想的だが、とてもそんな余裕はない。私もその頃は、ちっとも速く読めなかった。そこで当然のアイディアなのかもしれないが、分担して読もうということになった。大変よい方法で、おかげで短期間に、二十冊以上の本の知識が、チームの共同財産になった。速読でもしない限り、一人ではとてもこなせなかっただろう。

これが、「チームで読む」ということだ。会社では、組織で仕事をするケースが多い。ある組織が大量にものを読まねばならぬとき、この「チームで読む」という発想が、どうしても必要になってくるだろう。しかも、そういう仕事をもった職場が、意外に多いのである。

- 審査部門―融資先の経営実態資料、分析・管理資料
- 購買部門―仕入先の経営実態資料、生産・原価関連資料
- 人事部門―採用資料、配属・異動資料、パーソナル・レコード
- 教育部門―研修レポート、各種教材
- 営業部門―販売店経営実態資料、販売関連資料

・調査部門―外部調査誌、経済統計、経済・経営関連図書
・広報部門―新聞、週刊誌、雑誌、他社パブリシティ
・総務部門―全社会議資料、事務改善提案書

チームで読む読み方は、現に多く行なわれているように、対象別、項目別に分担するのが適当である。ただし、これにあまり安住すると、担当外のものは何も読まぬし何もわからない、という視野の狭い人間ができる。

組織人向けのアドバイスをするなら、担当外のものについては、大いに耳学問でカバーすることだ。さわりだけでも聞く習慣をつけることで、ずいぶん違う。それと、速読みの方法も知ったことだし、十の三、悪くても十の二ぐらいの割で、担当外のものも読んでほしいものだ。

9. 会議資料の速読み

昨今、企業の会議では、会議資料にもとづいて会議を行なうことが、すっかり恒例化した。その是非については、ここでは述べない。いいたいのは、せっかく資料を使うなら、それがもっと活きるように使いたいということだ。

会議の目的は、衆知を集めることにほかならない。会議資料を使うのも、それによってなお有効に衆知を引き出そうというのが、本来の趣旨であるに違いない。ところが現実は、会議に使われる資料がかさばっていくのに反比例して、会議は盛り上がらないものになる傾向がある。

そうなるのも、無理はない。会議のメンバーの資料の読み方は、説明者との同時進行型である。説明者の話を聞きながら、同じペースで進む。だから、その案件の全体は、説明者が説明し終わるまで理解できない。やっと理解できて、それから意見を出そうと思っても、その頃には次の議題に移ってしまっている、という有様なのだ。

まして、これがなじみのない案件になると、説明に一遅れ二遅れして理解する結果になるから、質問するなど思いもよらない。かくして、会議は資料説明が主となり、消化不良で終わる。策のない話ではあるまいか。

しっかりした資料がついているのだから、それを十分に使いこなせさえすれば、非常に質の高い有益な討議ができるはず。会議出席者のメンバーシップも、大いに発揮されるはずだ。それがそうならないというのは、もうおわかりだと思うが、同時進行型の読み方に決定的な原因があるのである。

そこで、私の方法を述べよう。〝先行速読型〟でいけ、ということだ。この方法の手順は、次のとおりである。

⑴まず、全体にサッと目を走らせ、構成、論旨のアウトラインをつかむ。

⑵常に説明者の一歩、二歩先を読む。Aが説明されているときはBやCを、BのときはCやDやEを、というふうに。もちろん、耳は説明を聞いている。目と耳を別々に使うのである。

⑶一歩先を理解している余裕から、疑問や意見が浮かぶ。それを資料にメモッておく。

⑷討議場面になったら、メモしたことに優先順位をつけて発言する。

もう少し補足しよう。Ｂ、Ｃまで読んだ頭で、Ａの説明を聞いていると、内容が大変よくわかる。例の〝文脈〟のおかげである。さらにいい点がある。Ａが説明されてもまだ腑に落ちないことは、メモしておく。先まで読み、なお説明を聞いた上での判断は質が高く、いい発言材料になる。

同時進行型は説明者のペースに巻きこまれている。判断の余裕がないし、仮に判断してもその質は低い。疑問点を思いっきりメモる。すると、先のＣのところでそれはちゃんと説明されていて、疑問でも何でもない。こういうことが多いのである。

10・〝解説〟の有効利用

新聞に関する仕事読みにおいても、知っておいたほうがいい方法がある。

《複雑な記事、大きな記事の場合は〝解説〟を読む》

すなわち、解説だけですませていい、ということだ。これが、速くしかも仕事に役立つ読み方である。たとえば、経済白書などの白書は、ある面全部を使ってぎっしり紹介される。予算の概算要求内容、重大事件の判決全文、新たに発生した重大な国際問題、各種審議会の答申内容なども、相当なボリュームをもった記事になる。

こうした記事はなかなか読みづらいものだ。その読みづらさは、次の点からきている。

①ともかく分量が多い。忙しいと読みきれない。

②事実や数字が羅列してあるだけでは、その中のどこが重要なのか、要点がつかめない。

③それが企業や個人にとってよいことなのか問題なのか、またその程度は、といったことがわからない。

④同じく、それが企業や個人に対してどういう影響を及ぼすのか、つかみにくい。

①は速読で解決する。問題は、②③④である。②③④こそ、ビジネスマンが求めるものだ。この点、事実報道に徹した記事は、ニュースとしての価値は高くとも、実践志向のビジネスマンにとっては、もう一つピンとこない。

たとえば、経済白書は、「日本経済はこうなっている」という。しかし、仕事をする人がほしいのは、次のような情報である。「日本経済がこうなっているということは、企業に対してどういう意味をもつのか。今後どういう影響を及ぼすのか」

その知りたいことを教えてくれるのが、すなわち〝解説〟なのである。解説は、事実プラス解釈・判断・予測などからなっている。このプラス部分が大変実践的で、ビジネスマンにとってはありがたい。

九月十一日付の『朝日』朝刊の経済面から、例をひいて説明しよう。日英自動車会談（業界ベース）の結果を伝える記事で、見出しと前文三百四十二字、本文六百二十字、解説七百三十六字、合計千六百九十八字からなるトップ記事だ。

この解説は、①本文の要点整理、②日米、日独間の自動車問題との関連、③各国独禁政策との関連、④他の先進国への影響、の四点から構成されている。②～④の部分だけ引用してみる。

——しかし、今回の会談が例年以上に注目されていたのは、米国や欧州各国で日本車輸入規制論が盛り上がっているため。英国側のサー・バーナード・スコット代表も記者会見で「輸出の成功に伴う責任」を強調し、さらに「目に見える輸入規制を回避するためにも、この会談が、日本と他の国の対話のモデルに育ってほしいものだ」と述べ、日米間、日本—西独間などでも、こうした〝紳士協定〟の有効性を示唆する発言をした。

もっとも、こうした会談自体、各国の独禁法上問題があるのは確か。日英会談でも「数量やシェアに関するいかなる制限もしない」と共同声明にわざわざうたっている。独禁政策がより厳しい米国や西独相手には、簡単には成立しそうもない。しかし、世界的な消費後退で、米国はじめ各国の自動車業界で失業が増大し、米国でさえ「独禁法の弾力的運用」が検討され、政府関係者が「日本車の輸出自粛」を公然と発言するまでに変化してきている。その意味から、今回、日本車批判のあらしの中で再確認された「日英型」の話し合い輸出自粛路線は、自動車問題に悩まされている他の先進国に大きな反響を呼ぶとみられている。

今、この解説文だけ読んだとしよう。まず、引用はしていないが、①の部分で本文の要点が要約されている。これで、事実の実践的な把握が可能になる。次に、プラスαの部分である。②③④は、本文の中には出てこない。大変重要な論点だが、事実そのものではないから、本文ではふれてない。この解釈、判断、予測こそ、解説ならではの貴重な働きである。解説を読むことによって、記事内容がにわかに身近なものになる理由が、おわかりいただけるだろう。

解説読みは、チエを使ったビジネスマンの読み方である。素早く、しかも仕事に結びつけて新聞記事を読みたい人に、是非おすすめしたい。

11. 効果＝標準の二倍〜百倍以上

以上、仕事読みの方法について述べた。それは、基本的には焦点読みから一行読みまでの、個々の方法によっている。したがって、仕事読みの効果は、各方法の効果とイコールになる。すなわち、標準の二倍―焦点読み―から、百倍以上――一行読み―にまでわたっている。

「速ければ速いほどいいんだから、一行読みだけやってりゃあいいじゃないか」。こう考える人がいるかもしれないが、それは正しくない。仕事の中でどの速読法を使うかは、仕事の性質、目的、時間的制約によって決まってくる。仕事には、どの方法も欠かせない。

部分を正確に速く読むには、焦点読み、かたまり読みでなくてはならない。新聞を速読するには、見出し読みが最適だ。全体の意味をポイントを押さえて速くつかむことに関しては、文脈読みの独壇場だろう。このように、場面によって方法も変わる。それぞれの方法を最適の場面で使えるようになれば、あなたは速読の全方法をマスターしたことになる。その総合力は、必ずやあなたにすばらしい収穫を約束することだろう。

誰でも簡単に20倍速くなる
鬼 速 読

著　者　　中川昌彦
発行者　　真船美保子
発行所　　KK ロングセラーズ
東京都新宿区高田馬場2-1-2　〒169-0075
電話（03）3204-5161（代）　振替 00120-7-145737
http//www.kklong.co.jp

印刷・製本　大日本印刷(株)
落丁・乱丁はお取り替えいたします。※定価と発行日はカバーに表示してあります。
ISBN978-4-8454-2481-8 Printed In Japan 2021

本書は1981年3月5日に㈱日新報道から出版された『20倍の速読み法』を改題改訂したものです。